# Recettes détox

carnet de cuisine

LAROUSSE

21, rue du Montparnasse 75283 Paris Cedex 06

**Édition originale**
Cet ouvrage a été publié pour la première fois en 2013 sous le titre *Detox* par McRae Publishing Ltd.



Édition : Anne McRae
Direction artistique : Marco Nardi
Photographies : Brent Parker Jones
Textes : Carla Bardi

**Édition française**
Direction éditoriale : Catherine Maillet
Édition : Coralie Benoit
Traduction : Élisabeth Luc
Direction artistique : Emmanuel Chaspoul
Réalisation : Belle Page
Couverture : Véronique Laporte et Angélique Noyelle

ISBN : 978-2-03-589021-4
Dépôt légal : mai 2013
Imprimé en Chine

# Sommaire

# Bon appétit !

Cet ouvrage présente plus de 100 délicieuses recettes détox qui vous aideront à garder la forme tout au long de l'année. Leur niveau de difficulté est indiqué en tête de chaque recette par les chiffres 1 (pour les simples) et 2 (pour les moyennement faciles). Les 25 recettes qui suivent ont été choisies pour vous mettre l'eau à la bouche ! Vous les retrouverez aux pages indiquées en haut de chaque photographie.

## LES SIMPLISSIMES

48

Salade AVOCAT & SEMOULE

23

Jus CAROTTE & GINGEMBRE

27

Gaspacho YAOURT & CONCOMBRE

42

Salade CHOU & POMME

112

Salade de fruits à la CORIANDRE

44

Salade POIRE & NOIX

52

Salade LENTILLES & NOIX

75

Thon grillé & SALADE TOMATES-HARICOTS

80

Maquereau GRILLÉ

## LES PLUS LÉGÈRES

73

Saumon rôti PESTO D'HERBES & RIZ

## LES TRADITIONNELLES

## NOS COUPS DE CŒUR

VOICI LE PALMARÈS DE NOS MEILLEURES RECETTES !

# Petits déjeuners

## Muesli YAOURT & MYRTILLES



- 300 g de flocons d'avoine
- 50 g de noix de coco râpée
- 3 cuill. à soupe de graines de courge
- 3 cuill. à soupe de graines de tournesol
- 2 cuill. à soupe de graines de sésame
- 2 cuill. à soupe de graines de pavot
- 4 cuill. à soupe d'huile de colza vierge
- 4 cuill. à soupe de miel liquide

Pour servir

- 25 cl de yaourt à la grecque
- 150 g de myrtilles
- 4 cuill. à soupe de miel liquide

Pour 12 parts • Préparation : 20 min • Cuisson : 20 à 25 min • Difficulté : 1

1. Préchauffez le four à 180 °C (therm. 6). Tapissez un grand moule peu profond de papier sulfurisé.
2. Mélangez les flocons d'avoine, la noix de coco et toutes les graines dans un saladier.
3. Faites chauffer l'huile et le miel à feu doux dans une petite casserole jusqu'à frémissement.
4. Incorporez le mélange à base de graines, puis étalez le tout dans le moule. Enfournez pour 20 à 25 minutes. Laissez refroidir, puis servez dans un bol, nappé de yaourt, de myrtilles et de miel liquide.

Si cette recette vous plaît, vous aimerez aussi...

Muesli FRUITS SÉCHÉS & NOIX

Muesli EXPRESS

Porridge D'AVOINE AUX MYRTILLES

Les vertus énergisantes des flocons d'avoine font de cette recette un petit déjeuner de choix pour bien commencer la journée.
Ce muesli se conserve deux ou trois semaines dans une boîte hermétique.

# Muesli FRUITS SÉCHÉS & NOIX

- 90 g de noix de pécan
- 90 g de cacahuètes
- 450 g de flocons d'avoine
- 60 g de graines de sésame
- 60 g de graines de tournesol
- 12 cl d'huile de tournesol
- 12 cl de miel liquide
- 60 g de cranberries séchées
- 60 g de cerises séchées

Pour servir
- Lait écrémé

Pour 12 à 16 parts • Préparation : 15 min • Cuisson : 20 à 25 min • Difficulté : 1

1. Préchauffez le four à 180 °C (therm. 6). Tapissez un grand moule de papier sulfurisé.
2. Mélangez les noix de pécan, les cacahuètes, les flocons d'avoine et toutes les graines dans un saladier. Arrosez d'huile et de miel, puis mélangez à l'aide d'une fourchette.
3. Étalez cette préparation dans le moule. Enfournez pour 20 à 25 minutes en remuant régulièrement. Laissez refroidir.
4. Incorporez les cranberries et les cerises, puis servez avec du lait.

Si cette recette vous plaît, vous aimerez aussi…

7
Muesli YAOURT & MYRTILLES

10
Porridge D'AVOINE AUX MYRTILLES

12
Barres CÉRÉALES & FRUITS SECS

## Muesli EXPRESS

Pour 2 personnes • Préparation : 10 min • Difficulté : 1

- 1 pomme granny smith bio
- 150 g de flocons d'avoine
- 50 g de son d'avoine (dans les magasins bio)
- 60 g d'amandes effilées
- 2 cuill. à soupe de graines de tournesol
- 1 cuill. à soupe de germe de blé (dans les magasins bio)
- 1/2 cuill. à café de cannelle en poudre
- 20 cl de lait écrémé
- 4 cuill. à soupe de yaourt nature allégé

Pour servir

- Fraises

1. Râpez la pomme dans un saladier. Ajoutez les flocons d'avoine, le son d'avoine, les amandes effilées, les graines de tournesol, le germe de blé et la cannelle, puis mélangez soigneusement.
2. Incorporez peu à peu le lait jusqu'à l'obtention d'une bouillie.
3. Servez dans un bol, nappé de yaourt et parsemé de fraises.

## Porridge d'AVOINE AUX MYRTILLES

Pour 2 personnes • Préparation : 10 min • Cuisson : 10 à 12 min • Difficulté : 1

- 50 cl d'eau
- 100 g de flocons d'avoine
- 2 cuill. à café de miel
- 1/2 cuill. à café de cannelle en poudre
- 1 pincée de sel
- 1/2 cuill. à café de zeste d'orange non traitée
- 12 cl de lait écrémé
- 75 g de myrtilles

1. Dans une casserole, portez l'eau à ébullition. Ajoutez les flocons d'avoine, le miel, la cannelle et le sel, puis faites réduire à feu doux pendant 5 minutes.
2. Incorporez le zeste d'orange et le lait, puis laissez mijoter de 3 à 5 minutes jusqu'à l'obtention d'une crème.
3. Couvrez la casserole et laissez reposer 2 ou 3 minutes. Parsemez la préparation de myrtilles et servez chaud.

## Porridge de SARRASIN

Pour 4 personnes • Préparation : 15 min • Cuisson : 7 ou 8 min • Difficulté : 2

- 100 g de gruau de sarrasin (dans les magasins bio)
- 75 cl d'eau
- 25 cl de lait écrémé
- 2 bananes
- 1 cuill. à café de cannelle en poudre
- 150 g de myrtilles

1. Moulez le gruau dans un moulin à café sans le réduire en poudre.
2. Mélangez le sarrasin, l'eau et le lait dans une petite casserole, puis portez à ébullition. Réduisez le feu et faites cuire le porridge en remuant régulièrement pendant 5 minutes. Coupez les bananes en rondelles, puis incorporez-les à la bouillie. Prolongez la cuisson de 2 ou 3 minutes jusqu'à l'obtention d'une consistance crémeuse.
3. Servez chaud dans un bol, saupoudré de cannelle et parsemé de myrtilles.

## Porridge d'AVOINE AUX FRUITS ROUGES

Pour 2 personnes • Préparation : 15 min • Cuisson : 10 min • Difficulté : 1

- 150 g de groseilles
- 2 cuill. à soupe de miel
- 12 cl de jus d'orange
- 1 cuill. à soupe de zeste d'orange non traitée
- 200 g de flocons d'avoine
- 1/2 cuill. à café de cannelle en poudre
- 1 pincée de sel
- 150 g de fruits rouges
- 50 cl de lait écrémé

1. Réunissez les groseilles, le miel, le jus et le zeste d'orange dans une petite casserole, puis faites mijoter le tout à feu doux pendant 5 minutes. Réservez.
2. Portez une casserole d'eau à ébullition. Ajoutez les flocons d'avoine, la cannelle et le sel, puis laissez épaissir le mélange à découvert pendant 5 minutes jusqu'à l'obtention d'une consistance crémeuse.
3. Versez le porridge dans des bols et nappez de purée aux groseilles. Parsemez de fruits rouges, puis servez chaud, arrosé de lait.

# Barres CÉRÉALES & FRUITS SECS

- 150 g de noix de pécan
- 200 g de dattes
- 60 g de noix de macadamia
- 60 g de papaye séchée
- 60 g de cerises séchées
- 150 g de flocons d'avoine
- 60 g myrtilles séchées
- 2 cuill. à soupe de son d'avoine (dans les magasins bio)
- 3 cuill. à soupe de graines de lin (dans les magasins bio)
- 2 cuill. à soupe de germe de blé (dans les magasins bio)
- 1 pincée de sel
- 1/2 cuill. à café de cannelle en poudre
- 3 cuill. à soupe de miel

Pour 8 personnes • Préparation : 20 min • Cuisson : 20 à 25 min • Difficulté : 1

1. Préchauffez le four à 180 °C (therm. 6). Beurrez un moule carré de 20 cm de côté. Faites griller les noix de pécan à sec dans une poêle antiadhésive.
2. Dénoyautez les dattes et placez-les dans une casserole, puis couvrez-les d'eau froide et portez à faible ébullition. Égouttez-les soigneusement, puis mixez à l'aide d'un robot jusqu'à l'obtention d'une pâte lisse.
3. Hachez les noix de pécan et de macadamia, la papaye et les cerises. Dans un saladier, réunissez les flocons d'avoine, les noix, les fruits séchés, le son d'avoine, les graines de lin et le germe de blé, puis ajoutez le sel, la cannelle, les dattes et le miel.
4. Placez le mélange dans le moule en tassant bien et enfournez pour 20 à 25 minutes. Laissez refroidir avant de découper en barres individuelles.

# Galettes de sarrasin aux FRUITS ROUGES

- 1 cuill. à café de graines de chia (dans les magasins bio)
- 300 g de farine de sarrasin
- 75 g de farine de riz
- 1/2 cuill. à café de bicarbonate de soude
- 1/2 cuill. à café de cannelle
- 1 cuill. à soupe de sirop d'érable
- 75 cl d'eau
- 2 cuill. à soupe d'huile de coco (dans les magasins bio)

Pour servir

- 300 g de fruits rouges
- 1 filet de sirop d'érable

Pour 4 personnes • Préparation : 20 min • Cuisson : 15 min • Difficulté : 2

1. Réduisez les graines de chia en poudre à l'aide d'un moulin à café.
2. Réunissez le sarrasin, la poudre de chia, la farine de riz, le bicarbonate de soude et la cannelle dans un saladier. Incorporez le sirop d'érable et assez d'eau pour obtenir une pâte lisse et fluide.
3. Faites chauffer 1 cuillerée à soupe d'huile de coco dans une petite poêle. Versez une louche de pâte en la répartissant bien dans la poêle.
4. Faites dorer chaque galette sur les deux faces pendant 2 ou 3 minutes. Servez chaud, parsemé de fruits rouges et arrosé de sirop d'érable.

# Smoothies & jus

## Smoothies aux FRUITS EXOTIQUES



- 3 fruits de la Passion
- 1 banane
- 1 mangue
- 30 cl de jus d'orange
- Quelques glaçons

Pour 2 personnes • Préparation : 10 min • Difficulté : 1

1. Placez deux verres au congélateur pour les glacer.
2. Coupez les fruits de la Passion, prélevez la pulpe, puis passez-la dans un chinois au-dessus du bol d'un robot. Pelez la banane et la mangue, coupez-les en morceaux, puis passez le jus d'orange dans un chinois. Mixez le tout jusqu'à l'obtention d'un mélange homogène.
3. Versez la préparation dans les verres, agrémentez de glaçons et servez sans attendre.


Si cette recette vous plaît, vous aimerez aussi...

16

Smoothies MYRTILLES & YAOURT

17

Smoothies CHOU FRISÉ & MANGUE

20

Smoothies POIRE & SOJA

# Smoothies MYRTILLES & YAOURT

- 2 bananes
- 300 g de myrtilles
- 35 cl de yaourt nature à la grecque
- 30 cl de jus de cranberries
- 1 cuill. à soupe de miel liquide
- 3 cuill. à soupe de germe de blé (dans les magasins bio)

Pour 2 à 4 personnes • Préparation : 10 min • Difficulté : 1

1. Placez deux à quatre verres au congélateur pour les glacer.
2. Pelez les bananes, puis coupez-les en rondelles. Réunissez les myrtilles, les bananes, le yaourt, le jus de cranberries, le miel et le germe de blé dans le bol d'un robot, puis mixez jusqu'à l'obtention d'un mélange homogène.
3. Versez la préparation dans les verres et servez aussitôt.

# Smoothies CHOU FRISÉ & MANGUE





- 100 g de chou frisé
- 1/2 mangue
- 1/2 avocat
- 30 cl de lait d'amande
- 20 cl d'eau de coco (dans les magasins bio)
- 120 g de glace pilée

Pour 2 personnes • Préparation : 10 min • Difficulté : 1

1. Placez deux verres au congélateur pour les glacer.
2. Émincez le chou, puis coupez la demi-mangue en morceaux. Prélevez la chair du demi-avocat. Réunissez tous ces ingrédients avec le lait d'amande, l'eau de coco, et la glace pilée dans le bol d'un robot et mixez jusqu'à l'obtention d'un mélange homogène.
3. Versez la préparation dans les verres et servez aussitôt.

Riches en antioxydants, ces smoothies sont idéaux pour bien commencer la journée ! Ils constituent également un goûter sain et savoureux.

# Smoothies aux FRUITS ROUGES

- 1 banane
- 300 g de fruits rouges (mûres, myrtilles, framboises, fraises)
- 6 cuill. à soupe de jus de pomme
- 12 cl de yaourt nature allégé
- 2 cuill. à café de miel liquide

Pour 2 personnes • Préparation : 10 min • Difficulté : 1

1. Placez deux verres au congélateur pour les glacer.
2. Pelez la banane, puis coupez-la en rondelles. Réservez quelques fruits rouges pour servir. Réunissez le reste ainsi que les rondelles de banane, le jus de pomme et le yaourt dans le bol d'un robot, puis mixez jusqu'à l'obtention d'un mélange homogène.
3. Versez la préparation dans les verres, parsemez des fruits rouges réservés et arrosez de miel, puis servez aussitôt.

Si cette recette vous plaît, vous aimerez aussi...

20
Smoothies aux FRAMBOISES

20
Jus BETTERAVE & LÉGUMES

22
Smoothies BETTERAVE & ORANGE

## Jus CAROTTE & CÉLERI

Pour 2 personnes • Préparation : 10 min • Difficulté : 1

- 4 carottes
- 150 g d'épinards
- 2 cuill. à soupe de persil
- 4 tiges de céleri-branche

1. Passez les carottes, les épinards, le persil et deux tiges de céleri-branche à la centrifugeuse, puis versez la préparation dans un pichet.
2. Remplissez deux verres de jus, garnissez d'une tige de céleri-branche et servez aussitôt.

## Smoothies aux FRAMBOISES

Pour 2 personnes • Préparation : 10 min • Difficulté : 1

- 1 banane
- 150 g de framboises
- 12 cl de yaourt allégé aux framboises
- 30 cl de jus de grenade

1. Placez deux verres au congélateur pour les glacer.
2. Pelez la banane, puis coupez-la en rondelles. Réunissez les framboises, les rondelles de banane, le yaourt et le jus de grenade dans le bol d'un robot, puis mixez jusqu'à l'obtention d'un mélange homogène.
3. Versez la préparation dans les verres et servez sans attendre.

## Jus BETTERAVE & LÉGUMES

Pour 2 personnes • Préparation : 10 min • Difficulté : 1

- 2 carottes
- 1/4 de chou blanc
- 1 betterave rouge
- 50 g de cresson

1. Passez les carottes, le quart de chou, la betterave et le cresson à la centrifugeuse, puis versez le mélange dans un pichet.
2. Répartissez le jus dans les verres et servez aussitôt.

## Smoothies POIRE & SOJA

Pour 2 personnes • Préparation : 10 min • Difficulté : 1

- 2 poires
- 2 bananes
- 25 cl de lait de soja
- 12 cl de yaourt au soja
- 3 cuill. à café de graines de lin (dans les magasins bio)

1. Placez deux verres au congélateur pour les glacer.
2. Pelez les poires, puis épépinez-les. Pelez les bananes et coupez-les en rondelles. Réunissez les fruits, le lait, le yaourt et les graines de lin dans le bol d'un robot, puis mixez jusqu'à l'obtention d'un mélange homogène.
3. Versez la préparation dans les verres et servez sans attendre.

# Smoothies BETTERAVE & ORANGE

- 1 morceau de gingembre de 2,5 cm
- 4 prunes rouges
- 2 betteraves rouges
- 25 cl de jus d'orange

Pour 2 personnes • Préparation : 10 min • Difficulté : 1

1. Placez deux verres au congélateur pour les glacer.
2. Pelez le gingembre et coupez-le en morceaux. Dénoyautez les prunes. Réunissez les betteraves, le jus d'orange, le gingembre et les prunes dans le bol d'un robot, puis mixez jusqu'à l'obtention d'un mélange homogène.
3. Versez la préparation dans les verres et servez aussitôt.

# Jus CAROTTE & GINGEMBRE



- 2 pamplemousses
- 1 morceau de gingembre de 2,5 cm
- 250 g de carottes

Pour servir

- 12 cl de glace pilée
- Quelques feuilles de menthe

Pour 2 personnes • Préparation : 10 min • Difficulté : 1

1. Mettez deux verres au congélateur pour les glacer.
2. Pelez le pamplemousse à vif et détachez les quartiers au couteau. Pelez le gingembre, puis coupez-le en morceaux.
3. Passez les carottes, le pamplemousse et le gingembre à la centrifugeuse.
4. Répartissez la glace pilée dans les verres, puis versez le jus. Garnissez de feuilles de menthe et servez aussitôt.

# Soupes

## GASPACHO



- 1 kg de tomates
- 5 ciboules
- 1 petit concombre
- 3 gousses d'ail
- 4 cuill. à soupe d'huile d'olive vierge extra
- 2 cuill. à soupe de vinaigre de xérès
- Sel et poivre du moulin

Pour servir

- 1/2 poivron rouge
- 1/2 poivron jaune
- 1 œuf dur
- 2 ciboules

Pour 4 personnes • Préparation : 15 min • Réfrigération : 3 ou 4 h • Difficulté : 1

1. Hachez les tomates et les ciboules. Pelez le concombre. Réunissez le tout avec l'ail dans le bol d'un robot, puis mixez jusqu'à l'obtention d'un mélange homogène.
2. Passez la préparation dans un chinois. Remettez le jus ainsi recueilli dans le bol du robot et mixez en incorporant peu à peu l'huile et le vinaigre. Salez et poivrez.
3. Versez le mélange dans un saladier et placez le tout dans la partie la plus froide du réfrigérateur pendant 3 ou 4 heures.
4. Répartissez le gaspacho dans des bols. Détaillez les demi-poivrons en dés. Écalez l'œuf dur, puis hachez-le avec les ciboules. Garnissez le gaspacho de poivron, d'œuf, de ciboule et servez aussitôt.

Si cette recette vous plaît, vous aimerez aussi...

Soupe TOMATE & AVOCAT

Soupe LENTILLES & TOMATE

Soupe TOMATE & ORANGE

# Soupe TOMATE & AVOCAT

- 10 grosses tomates en grappe
- 60 g d'amandes émondées
- 2 ciboules
- 2 avocats
- 50 cl de bouillon de légumes
- 1/2 cuill. à café de graines d'aneth (dans les magasins bio)
- 1 pincée de piment de Cayenne
- Sel et poivre du moulin

Pour servir

- 1/2 poivron jaune
- Quelques feuilles de basilic

Pour 4 à 6 personnes • Préparation : 15 min • Réfrigération : 3 ou 4 h • Difficulté : 1

1. Réservez 2 tomates, puis concassez les amandes. Émincez les ciboules. Coupez les avocats en deux. Ôtez la peau et le noyau, puis tranchez la chair. Placez-les dans le bol d'un robot avec le reste des tomates, les ciboules, le bouillon, les graines d'aneth et le piment de Cayenne, puis salez et poivrez. Mixez jusqu'à l'obtention d'un mélange homogène.
2. Versez la préparation dans un saladier, couvrez, puis réservez dans la partie la plus froide du réfrigérateur pendant 3 ou 4 heures.
3. Répartissez la soupe dans des bols. Détaillez les tomates réservées en dés, puis émincez le demi-poivron. Garnissez-en le gaspacho et ajoutez une feuille de basilic. Servez aussitôt.

# Gaspacho YAOURT & CONCOMBRE

- 2 concombres
- 1 poivron jaune
- 1 poivron vert
- 5 gousses d'ail
- 1 bouquet de menthe
- 1 piment vert
- 2 avocats
- 8 ciboules
- 40 cl de yaourt nature
- 3 cuill. à soupe de jus de citron
- Sel et poivre du moulin

Pour servir

- Ciboulette ciselée

Pour 4 personnes • Préparation : 15 min • Réfrigération : 3 ou 4 h • Difficulté : 1

1. Épépinez les concombres et les poivrons, puis détaillez-les en morceaux. Hachez l'ail, la menthe et le piment. Coupez les avocats en deux. Ôtez la peau et le noyau, puis tranchez la chair. Ciselez les ciboules. Réunissez les concombres, les poivrons, l'ail, la chair des avocats, les ciboules, la menthe hachée, le yaourt, le jus de citron et le piment haché dans le bol d'un robot et mixez jusqu'à l'obtention d'un mélange homogène. Salez et poivrez.
2. Versez la préparation dans un saladier, couvrez et réservez au réfrigérateur pendant 3 ou 4 heures.
3. Répartissez la soupe dans des bols. Parsemez de ciboulette et servez aussitôt.

## Soupe LENTILLES & TOMATE

Pour 4 à 6 personnes • Préparation : 20 min •
Cuisson : 50 min • Difficulté : 1

- 1 cuill. à soupe d'huile d'olive vierge extra
- 1/2 oignon pelé, puis haché
- 2 gousses d'ail hachées
- 200 g de lentilles rouges
- 2 pommes de terre pelées et coupées en dés
- 75 cl de bouillon de légumes
- 375 g de tomates concassées en conserve
- 1/2 cuill. à café de cumin en poudre
- 1 pincée de piment en poudre
- 1 pincée de thym séché
- 2 cuill. à soupe de jus de citron
- Sel et poivre du moulin

Pour servir

- Thym
- Croûtons

1. Mettez l'huile à chauffer dans une marmite. Faites revenir l'oignon et l'ail 4 minutes. Ajoutez les lentilles, les pommes de terre et le bouillon.
2. Portez à ébullition et faites cuire 30 minutes. Ajoutez les tomates, le cumin, le piment, le thym, du sel et du poivre. Laissez mijoter 10 minutes, puis incorporez le jus de citron.
3. Enlevez la marmite du feu et mixez la préparation. Refaites chauffer pendant 3 minutes. Servez chaud, parsemé de thym et accompagné de croûtons.

## Soupe de LÉGUMES VERTS

Pour 4 personnes • Préparation : 15 min •
Cuisson : 10 à 15 min • Difficulté : 1

- 2 cuill. à soupe d'huile d'olive vierge extra
- 2 poireaux
- 3 gousses d'ail
- 1 petit brocoli
- 2 courgettes
- 2 tiges de céleri-branche
- 1 l de bouillon de légumes
- 12 feuilles de chou frisé
- 50 g de persil
- Sel et poivre du moulin

1. Faites chauffer l'huile dans une cocotte. Émincez les poireaux et hachez l'ail, puis faites-les revenir 3 ou 4 minutes.
2. Détaillez le brocoli en bouquets, émincez les courgettes, puis coupez le céleri en morceaux. Versez le bouillon dans la cocotte et ajoutez le brocoli, les courgettes, le céleri-branche et le chou. Laissez mijoter de 6 à 8 minutes. Salez et poivrez.
3. Ciselez le persil au-dessus de la cocotte, puis ôtez-la du feu. Mixez brièvement pour que la préparation soit épaisse, puis répartissez la soupe dans des bols et servez chaud.

## Soupe aux POIS CHICHES

Pour 4 à 6 personnes • Préparation : 15 min •
Cuisson : 15 à 20 min • Difficulté : 2

- 2 cuill. à soupe d'huile d'olive vierge extra
- 1 oignon
- 2 gousses d'ail
- 2 tiges de céleri-branche
- 2 cuill. à café de cumin en poudre
- 1 l de bouillon de légumes
- 400 g de tomates concassées en conserve
- 400 g de pois chiches en conserve, égouttés
- 150 g de fèves surgelées
- Le jus et le zeste de 1/2 citron non traité
- Sel et poivre du moulin

Pour servir

- 2 cuill. à soupe de persil

1. Faites chauffer l'huile dans une marmite. Pelez l'oignon, émincez-le avec l'ail et le céleri, puis faites revenir le tout 3 ou 4 minutes. Ajoutez le cumin et prolongez la cuisson de 1 minute.
2. Mettez sur feu vif, ajoutez le bouillon, les tomates, les pois chiches et du poivre. Laissez mijoter pendant 10 minutes. Ajoutez les fèves et le jus de citron, puis prolongez la cuisson de 2 minutes.
3. Salez et poivrez. Répartissez la soupe dans des bols, puis saupoudrez de zeste de citron et de persil, puis servez chaud.

## Minestrone aux LENTILLES

Pour 4 à 6 personnes • Préparation : 15 min •
Cuisson : 35 à 45 min • Difficulté : 1

- 1 oignon
- 2 gousses d'ail
- 2 petites carottes
- 2 tiges de céleri-branche
- 300 g de lentilles rouges
- 1 feuille de laurier
- 3 feuilles de sauge
- 2 cuill. à soupe de romarin
- 4 cuill. à soupe d'huile d'olive vierge extra
- Sel et poivre du moulin

1. Pelez l'oignon et hachez-le avec l'ail, puis émincez les carottes et le céleri-branche. Mettez les lentilles dans une cocotte avec l'oignon, les carottes, le céleri-branche, le laurier et l'ail. Versez de l'eau froide jusqu'à 5 cm au-dessus des ingrédients. Couvrez la cocotte et laissez mijoter à feu doux de 20 à 25 minutes.
2. Retirez la feuille de laurier de la cocotte. Hachez la sauge et le romarin, puis ajoutez-les à la préparation. Couvrez et prolongez la cuisson de 10 à 15 minutes à feu doux. Les lentilles doivent être très tendres.
3. Salez et poivrez. Répartissez dans des bols, puis servez chaud, arrosé d'un filet d'huile d'olive.

Riches en vitamines, minéraux et antioxydants, le cresson, l'épinard et la roquette sont de véritables mines de bienfaits, à condition que l'on ne les fasse pas trop cuire.

# Soupe CRESSON & ROQUETTE

- 2 cuill. à soupe d'huile d'olive vierge extra
- 6 ciboules
- 2 pommes de terre
- 1 l de bouillon de légumes
- 150 g de cresson
- 100 g de pousses d'épinards
- 50 g de roquette
- 50 g de persil
- Sel et poivre du moulin

Pour servir

- Quelques feuilles de cresson

Pour 4 à 6 personnes • Préparation : 15 min • Cuisson : 15 min • Difficulté : 1

1. Mettez l'huile à chauffer dans une marmite. Émincez les ciboules et faites-les dorer dans l'huile pendant 3 ou 4 minutes. Pelez les pommes de terre et coupez-les en dés, puis faites-les revenir dans la marmite 1 ou 2 minutes.
2. Versez le bouillon dans la marmite. Salez, poivrez et laissez mijoter 5 minutes. Ajoutez le cresson, les épinards, la roquette et le persil, puis prolongez la cuisson de 2 minutes.
3. Enlevez la marmite du feu et mixez la préparation. Faites réchauffer la soupe 1 ou 2 minutes. Servez chaud dans des bols, garni de cresson.

Si cette recette vous plaît, vous aimerez aussi...

Gaspacho YAOURT & CONCOMBRE

Soupe de LÉGUMES VERTS

Soupe PETITS POIS & CRESSON

# Soupe CAROTTE, CITRON & GINGEMBRE

- 3 cuill. à soupe d'huile d'olive vierge extra
- 600 g de carottes
- 2 oignons
- 2 gousses d'ail
- 1 cuill. à café de gingembre râpé
- 1 cuill. à café de curry
- 1,5 l de bouillon de légumes
- 1 cuill. à soupe de zeste de citron non traité
- Sel et poivre du moulin

Pour la crème au citron

- 10 cl de crème fraîche allégée
- 1 cuill. à soupe de zeste de citron non traité
- 1 cuill. à soupe de persil ciselé
- 1 cuill. à soupe de ciboulette ciselée

Pour 4 à 6 personnes • Préparation : 20 min • Cuisson : 25 min • Difficulté : 1

1. Mettez l'huile à chauffer dans une marmite. Pelez les carottes et les oignons, puis coupez-les en rondelles. Faites revenir le tout pendant 3 ou 4 minutes. Hachez l'ail et ajoutez-le à la préparation avec le gingembre et le curry. Laissez cuire 1 minute, puis ajoutez le bouillon et le zeste de citron.
2. Enlevez la marmite du feu et mixez la soupe, puis faites réchauffer pendant 1 ou 2 minutes.
3. Préparez la crème au citron. Mélangez la crème fraîche, le zeste, le persil et la ciboulette dans un saladier. Versez la soupe dans les bols et nappez d'une cuillerée à soupe de crème. Servez chaud.

# Soupe aux ASPERGES

- 4 cuill. à soupe d'huile d'olive vierge extra
- 2 échalotes
- 1/2 cuill. à café de piment en poudre
- 500 g d'asperges
- 1,25 l de bouillon de légumes
- 50 g de pousses d'épinards
- Sel et poivre du moulin

Pour 4 personnes • Préparation : 20 min • Cuisson : 15 à 20 min • Difficulté : 2

1. Mettez l'huile à chauffer dans une marmite. Émincez les échalotes et faites-les revenir 3 ou 4 minutes avec le piment, du sel et du poivre.
2. Épluchez les asperges et coupez les pointes, puis faites revenir les tiges pendant 1 minute. Versez le bouillon dans la marmite et laissez mijoter 10 minutes. Plongez les pointes d'asperges dans l'eau bouillante salée pendant 2 ou 3 minutes, puis égouttez-les et réservez.
3. Ajoutez les épinards dans la marmite, puis ôtez du feu. Mixez la préparation, puis faites-la réchauffer pendant 1 ou 2 minutes.
4. Servez chaud dans des bols, garni de pointes d'asperges.

Riche en vitamine C, en sels minéraux, en magnésium et en potassium, la betterave rouge est un aliment détox par excellence.

# Soupe BETTERAVE & GRENADE

- 2 cuill. à soupe d'huile d'olive vierge extra
- 1 oignon
- 3 carottes
- 2 navets
- 1/2 cuill. à café de coriandre en poudre
- 350 g de betteraves rouges
- 75 cl de bouillon de légumes
- 1 cuill. à soupe d'aneth ciselé
- 1 grenade

Pour servir

- 8 cerneaux de noix
- 4 cuill. à soupe de yaourt nature allégé (ou de soja)
- Quelques brins d'aneth
- Pain frais

Pour 4 personnes • Préparation : 20 min • Cuisson : 25 à 30 min • Difficulté : 2

1. Mettez l'huile à chauffer dans une marmite. Pelez l'oignon, les carottes et les navets et coupez-les en morceaux. Faites revenir ces légumes pendant 4 ou 5 minutes, puis ajoutez la coriandre et prolongez la cuisson de 1 minute.
2. Pelez les betteraves, puis coupez-les en tranches et mettez-les dans la marmite avec le bouillon. Laissez mijoter à feu doux pendant 20 minutes, en ajoutant l'aneth 2 minutes avant la fin de la cuisson.
3. Enlevez la marmite du feu, puis mixez la préparation. Coupez la grenade en deux et prélevez le jus à l'aide d'un presse-citron. Versez le jus dans la soupe, puis mélangez délicatement.
4. Hachez les cerneaux de noix. Répartissez la soupe dans des bols et garnissez de yaourt, de noix et d'aneth. Servez chaud avec du pain frais.

Si cette recette vous plaît, vous aimerez aussi…

Jus BETTERAVE & LÉGUMES

Smoothies BETTERAVE & ORANGE

Soupe CAROTTE, CITRON & GINGEMBRE

# Soupe PETITS POIS & CRESSON

- 2 cuill. à soupe d'huile d'olive vierge extra
- 2 poireaux
- 450 g de petits pois surgelés
- 60 cl de bouillon de légumes
- Quelques feuilles de menthe fraîche
- 100 g de cresson
- 15 cl de lait écrémé
- Sel et poivre du moulin

Pour servir

- Quelques feuilles de cresson

Pour 4 personnes • Préparation : 15 min • Cuisson : 12 à 15 min • Difficulté : 1

1. Mettez l'huile à chauffer dans une marmite. Émincez les poireaux, puis faites-les revenir pendant 3 ou 4 minutes. Ajoutez les petits pois et le bouillon, puis portez à ébullition. Laissez mijoter à couvert pendant 5 minutes. Mettez la menthe et le cresson dans la marmite, puis prolongez la cuisson de 2 minutes. Salez et poivrez.
2. Enlevez la marmite du feu et versez le lait. Mixez la préparation, puis faites réchauffer la soupe pendant 1 ou 2 minutes.
3. Répartissez la soupe dans des bols, garnissez de cresson et servez chaud.

# Soupe TOMATE & ORANGE

- 1 kg de tomates en grappe
- 3 gousses d'ail
- 4 cuill. à soupe d'huile d'olive vierge extra
- 2 oignons
- 2 carottes
- 2 tiges de céleri-branche
- 1 l de bouillon de légumes
- 12 cl de jus d'orange
- 2 cuill. à café de zeste d'orange non traitée
- Sel et poivre du moulin

Pour 4 personnes • Préparation : 20 min • Cuisson : 50 min • Difficulté : 2

1. Préchauffez le four à 180 °C (therm. 6). Coupez les tomates en deux, puis hachez l'ail. Dans un grand plat, disposez les tomates et parsemez-les d'ail. Arrosez le tout de 2 cuillerées à soupe d'huile d'olive, puis salez et poivrez. Enfournez pour 45 minutes.
2. Mettez le reste de l'huile d'olive à chauffer dans une marmite à feu doux. Pelez les oignons et les carottes, puis coupez-les en morceaux. Émincez le céleri-branche. Faites revenir tous ces légumes dans la marmite pendant 20 minutes.
3. Ajoutez les tomates rôties, le bouillon et le jus d'orange. Lorsque le mélange frémit, ôtez la marmite du feu. Mixez la préparation, puis salez et poivrez.
4. Répartissez la soupe dans des bols, garnissez de zeste d'orange, puis servez chaud.

## Salade LENTILLES & LÉGUMES RÔTIS



- 3 carottes
- 1 aubergine
- 3 courgettes
- 2 poivrons rouges
- 1 poivron jaune
- 4 cuill. à soupe d'huile d'olive vierge extra
- Gros sel
- 450 g de lentilles vertes du Puy
- 25 cl de vin blanc sec
- 75 cl de bouillon de légumes
- Sel et poivre du moulin

Pour la vinaigrette

- 6 cuill. à soupe d'huile d'olive vierge extra
- 3 cuill. à soupe de vinaigre balsamique
- 1 cuill. à café de moutarde de Dijon
- 2 cuill. à soupe de jus de citron vert

Pour servir

- 250 g de fromage de chèvre
- Feuilles de basilic

Pour 6 à 8 personnes • Préparation : 20 min • Cuisson : 45 min • Difficulté : 1

1. Préchauffez le four à 200 °C (therm. 6-7). Pelez les carottes, puis coupez-les en morceaux. Émincez l'aubergine, les courgettes et les poivrons. Placez tous ces légumes dans un plat, arrosez-les d'huile, puis parsemez de gros sel. Enfournez pour 45 minutes en remuant de temps en temps. Laissez refroidir.
2. Réunissez les lentilles, le vin blanc et le bouillon dans une marmite. Portez à ébullition et faites cuire de 20 à 25 minutes. Égouttez les lentilles et réservez, le temps qu'elles refroidissent.
3. Préparez la vinaigrette. Dans un bol, fouettez l'huile avec le vinaigre, la moutarde et le jus de citron, du sel et du poivre.
4. Mélangez les lentilles, les légumes rôtis et la sauce dans un grand saladier. Détaillez le fromage de chèvre en dés, puis garnissez-en la préparation. Décorez avec du basilic et servez.

Si cette recette vous plaît, vous aimerez aussi...

44
Salade ORGE & COURGE

46
Salade de SEMOULE AUX LÉGUMES RÔTIS

52
Salade LENTILLES & NOIX

Riche en vitamines A, C et B6, ainsi qu'en potassium, la patate douce est également une source de sucres lents indispensables à une bonne vitalité.

# Salade PATATES DOUCES & FETA

- 1 kg de patates douces
- 6 cuill. à soupe d'huile d'olive vierge extra
- 4 cuill. à soupe de pignons de pin
- 1 oignon rouge
- 100 g de pousses d'épinards
- 50 g de cresson
- 50 g de roquette
- 200 g de feta
- 3 cuill. à soupe de vinaigre balsamique
- 2 cuill. à soupe de miel
- 1 cuill. à soupe de moutarde à l'ancienne
- Sel et poivre du moulin

Pour 4 à 6 personnes • Préparation : 30 min • Cuisson : 10 à 15 min • Difficulté : 2

1. Pelez les patates douces, coupez-les en tranches, puis faites-les cuire à la vapeur de 8 à 10 minutes. Égouttez-les et ajoutez 2 cuillerées à soupe d'huile, du sel et du poivre. Réservez.
2. Faites chauffer un gril à feu vif, puis faites griller les tranches de patate douce pendant 2 ou 3 minutes de chaque côté. Faites griller les pignons de pin à sec dans une poêle antiadhésive pendant 3 ou 4 minutes, en secouant la poêle régulièrement.
3. Pelez l'oignon, émincez-le, puis mélangez-le avec les pousses d'épinards, le cresson, la roquette et les pignons dans un saladier, émiettez la feta au-dessus de la préparation et ajoutez les patates douces.
4. Fouettez le vinaigre avec le reste de l'huile, le miel, la moutarde, du sel et du poivre dans un bol, puis versez cette vinaigrette sur la salade avant de servir.

Si cette recette vous plaît, vous aimerez aussi...

42
Salade CHOU & POMMES

43
Salade CHOU, BROCOLI & POIS CHICHES

94
Patates douces rôties au PESTO

# Salade CHOU & POMMES

- 300 g de chou rouge
- 2 pommes non traitées
- 8 à 12 radis
- 2 tiges de céleri-branche
- 3 carottes
- 2 cuill. à soupe de persil ciselé
- 3 cuill. à soupe de pignons de pin
- 2 cuill. à soupe de graines de tournesol
- 2 cuill. à soupe de graines de lin (dans les magasins bio)
- 1 cuill. à soupe de graines de courge

Pour la sauce

- 4 cuill. à soupe d'huile d'olive vierge extra
- 2 cuill. à soupe de jus de citron
- 2 cuill. à café de gingembre râpé
- 1 cuill. à café de miel liquide
- Sel et poivre du moulin

Pour 4 à 6 personnes • Préparation : 20 min • Cuisson : 3 ou 4 min • Difficulté : 1

1. Émincez le chou, les pommes, les radis et le céleri-branche, puis râpez les carottes et mélangez le tout dans un saladier avec le persil.
2. Faites griller les pignons de pin dans une poêle antiadhésive à sec pendant 3 ou 4 minutes en remuant régulièrement. Ajoutez les pignons et toutes les graines dans le saladier. Mélangez délicatement.
3. Fouettez tous les ingrédients de la sauce dans un bol, puis versez sur la salade avant de servir.

# Salade CHOU, BROCOLI & POIS CHICHES

- 350 g de brocoli
- 120 g d'abricots secs
- 300 g de chou rouge
- 400 g de pois chiches en conserve
- 4 cuill. à soupe de graines de tournesol
- 1 oignon rouge

Pour la vinaigrette

- 4 cuill. à soupe d'huile d'olive vierge extra
- 4 cuill. à soupe de jus d'orange
- 1 cuill. à soupe de vinaigre balsamique
- 2 cuill. à café de gingembre râpé
- Sel et poivre du moulin

Pour 4 à 6 personnes • Préparation : 20 min • Cuisson : 1 ou 2 min • Difficulté : 1

1. Détaillez le brocoli en bouquets, puis faites-les blanchir dans une casserole d'eau bouillante salée pendant 1 ou 2 minutes. Égouttez-les et réservez.
2. Coupez les abricots et le chou rouge en lamelles, puis égouttez les pois chiches et rincez-les. Mélangez le tout avec les graines de tournesol dans un saladier. Pelez l'oignon rouge, puis émincez-le. Incorporez le brocoli froid à la préparation avec l'oignon rouge.
3. Préparez la vinaigrette. Dans un bol, fouettez l'huile avec le jus d'orange, le vinaigre, le gingembre, du sel et du poivre.
4. Versez la vinaigrette sur la salade, puis servez.

## Salade POIRES & NOIX

Pour 6 à 8 personnes • Préparation : 15 min • Difficulté : 1

- 3 poires bio
- Le jus de 1 citron vert
- 12 dattes
- 120 g de bleu
- 120 g de cerneaux de noix
- 150 g de mesclun
- 100 g de cresson

Pour la sauce

- 120 g de bleu
- 12 cl de crème fraîche
- 2 cuill. à soupe de sirop de gingembre
- 2 ou 3 cuill. à soupe d'eau
- Huile de noix

1. Évidez les poires, tranchez-les puis arrosez-les de jus de citron. Disposez les tranches sur les assiettes. Dénoyautez les dattes, hachez-les, puis émiettez le bleu et déposez le tout sur les poires avec les noix.
2. Préparez la sauce. Émiettez le bleu. Fouettez la crème fraîche avec le bleu, le sirop de gingembre et l'eau jusqu'à l'obtention d'une pâte lisse. Ajoutez un filet d'huile de noix.
3. Mélangez le mesclun et le cresson dans un saladier avec la sauce et dressez sur chaque assiette, puis servez.

## Salade ORGE & COURGE

Pour 4 à 6 personnes • Préparation : 30 min (+ refroidissement) • Cuisson : 20 à 30 min • Difficulté : 2

- 1 petite courge butternut
- 1 cuill. à soupe d'huile d'olive vierge extra
- 300 g d'orge perlé
- 350 g de brocoli
- 1 oignon rouge
- 120 g de tomates séchées
- 2 cuill. à soupe de graines de courge
- 15 olives noires dénoyautées
- 50 g de basilic ciselé

Pour la vinaigrette

- 1 gousse d'ail
- 6 cuill. à soupe d'huile de noix
- 4 cuill. à soupe de vinaigre balsamique
- 1 cuill. à soupe de moutarde de Dijon
- Sel

1. Préchauffez le four à 200 °C (therm. 6-7). Pelez la courge, puis coupez-la en dés. Placez-les sur une plaque de cuisson et badigeonnez-les d'huile. Enfournez pour 20 minutes, puis laissez refroidir.
2. Faites cuire l'orge dans une casserole d'eau salée pendant 20 minutes. Égouttez et laissez refroidir. Blanchissez le brocoli, puis égouttez-le.
3. Préparez la vinaigrette. Émincez l'ail. Fouettez l'huile avec le vinaigre, la moutarde et l'ail dans un bol, puis salez.
4. Pelez l'oignon, puis hachez-le avec les tomates. Mélangez la courge, le brocoli, les tomates, l'oignon, les graines de courge, les olives et le basilic avec l'orge. Arrosez de vinaigrette, puis servez.

## Salade d'ÉPEAUTRE

Pour 4 à 6 personnes • Préparation : 15 min • Cuisson : 20 à 30 min • Difficulté : 1

- 400 g d'épeautre ou d'orge perlé
- 2 poires bio
- 60 g de gingembre confit
- 2 gousses d'ail
- 2 cuill. à soupe de câpres
- 150 g de gorgonzola ou de roquefort
- 50 g de coriandre ciselée

Pour la sauce

- 4 cuill. à soupe d'huile d'olive vierge extra
- 2 cuill. à soupe de jus de citron
- Poivre du moulin

1. Faites cuire l'épeautre en suivant les instructions figurant sur l'emballage. Égouttez et laissez refroidir dans un saladier.
2. Hachez le gingembre et l'ail, puis égouttez les câpres. Évidez les poires et coupez-les en dés. Placez-les dans le saladier avec le fromage, le gingembre, les câpres, l'ail et la coriandre. Remuez délicatement.
3. Fouettez les ingrédients de la sauce dans un bol. Arrosez la salade et servez.

## Salade ORANGE & OIGNON

Pour 2 personnes • Préparation : 10 min • Difficulté : 1

- 4 oranges
- 1 petit oignon blanc
- 1 cuill. à soupe de persil ciselé
- 6 cuill. à soupe d'huile d'olive vierge extra
- Sel et poivre du moulin

1. Pelez les oranges à vif au-dessus d'un récipient pour en recueillir le jus. Réservez-le. Coupez-les en tranches à l'horizontale.
2. Placez ces tranches dans un grand saladier. Pelez l'oignon, émincez-le et ajoutez-le dans le saladier, avec le persil, du sel et du poivre. Arrosez d'huile et du jus d'orange réservé. Remuez délicatement avant de servir.

# Salade de SEMOULE AUX LÉGUMES RÔTIS

- 500 g de carottes
- 1 chou-fleur
- 2 cuill. à soupe d'huile d'olive vierge extra
- 1 cuill. à café de cumin en poudre
- 200 g de semoule complète
- 400 g de pois chiches en conserve
- 6 ciboules
- 100 g de roquette
- Sel et poivre du moulin

Pour la sauce

- 2 cuill. à soupe d'huile d'olive vierge extra
- 12 cl de jus de citron
- 1 cuill. à soupe de zeste de citron non traité

Pour 6 personnes • Préparation : 20 min • Cuisson : 25 à 30 min • Difficulté : 1

1. Préchauffez le four à 250 °C (therm. 8-9). Pelez les carottes, coupez-les en morceaux et détaillez le chou-fleur en bouquets, puis placez le tout dans un plat allant au four. Ajoutez l'huile et le cumin, puis mélangez. Salez, poivrez. Enfournez les légumes pour 25 à 30 minutes. Laissez refroidir.
2. Placez la semoule dans un saladier et couvrez-la d'eau bouillante. Posez un torchon sur le dessus et laissez reposer 15 minutes. Transférez la semoule dans un saladier, puis égrenez-la à l'aide d'une fourchette.
3. Préparez la sauce. Dans un bol, fouettez l'huile avec le jus et le zeste de citron, du sel et du poivre.
4. Égouttez les pois chiches, puis émincez les ciboules. Ajoutez les légumes rôtis, les pois chiches, les ciboules et la roquette dans le saladier. Arrosez de sauce et remuez bien avant de servir.

# Salade QUINOA & AMANDES

- 60 g d'amandes effilées
- 180 g de quinoa
- 3 cuill. à soupe d'huile d'olive vierge extra
- 1 poivron jaune
- 5 gousses d'ail
- 5 ciboules
- 1/2 cuill. à café de piment en poudre
- 1 cuill. à café de thym
- 25 cl d'eau
- 1 pincée de sel
- 2 courgettes
- 3 tiges de céleri-branche
- Quartiers de citron vert

Pour 6 personnes • Préparation : 20 min • Cuisson : 20 min • Difficulté : 1

1. Préchauffez le four à 180 °C (therm. 6). Enfournez les amandes de 5 à 7 minutes et réservez. Rincez le quinoa sous l'eau froide. Mettez 1 cuillerée à soupe d'huile à chauffer dans une casserole. Épépinez le poivron, puis émincez-le. Hachez l'ail et les ciboules. Faites revenir le tout 5 minutes avec le piment.
2. Ajoutez le quinoa, le thym, l'eau et le sel. Portez à ébullition, puis laissez mijoter 7 minutes à couvert. Émincez les courgettes. Mettez-les dans la casserole, puis prolongez la cuisson de 6 à 8 minutes. Enlevez la casserole du feu.
3. Émincez le céleri-branche et ajoutez-le dans la casserole avec les amandes et le reste d'huile. Remuez à l'aide d'une fourchette et servez avec des quartiers de citron vert.

Plus riche en vitamines et en sels minéraux que la semoule raffinée, la semoule complète est particulièrement nutritive, sans parler de sa saveur unique !



# Salade AVOCAT & SEMOULE

- 450 g de semoule complète
- 2 avocats
- 1 cuill. à soupe de jus de citron vert
- 400 g de pois chiches en conserve
- 1 poivron rouge
- 1 grenade
- 60 g de pignons de pin
- 60 g d'abricots séchés

Pour la sauce

- 2 cuill. à soupe de menthe
- 2 cuill. à soupe de persil
- 4 cuill. à soupe de jus d'orange
- 2 cuill. à soupe d'huile d'olive vierge extra
- Sel et poivre du moulin

Pour 6 à 8 personnes • Préparation : 20 min • Repos : 15 min • Cuisson : 3 ou 4 min • Difficulté : 2

1. Placez la semoule dans un saladier, puis couvrez-la d'eau bouillante. Posez un torchon sur le dessus et laissez reposer pendant 15 minutes. Transférez la semoule dans un saladier, puis égrenez-la à l'aide d'une fourchette.
2. Coupez les avocats en deux. Ôtez la peau et le noyau, puis tranchez la chair. Mettez-la dans un bol et arrosez de jus de citron vert, puis transvasez dans le saladier. Égouttez les pois chiches, épépinez le poivron, puis hachez-le et ajoutez le tout à la préparation. Égrenez la grenade au-dessus du saladier.
3. Faites griller les pignons de pin dans une poêle antiadhésive 3 ou 4 minutes en remuant régulièrement.
4. Préparez la sauce. Ciselez la menthe et le persil au-dessus d'un bol, puis ajoutez le jus d'orange, l'huile, du sel et du poivre. Fouettez l'ensemble. Garnissez la salade de pignons et de morceaux d'abricots, puis arrosez de sauce et servez.

Si cette recette vous plaît, vous aimerez aussi...

Salade d'ÉPEAUTRE

Salade ORGE & COURGE

Salade de SEMOULE AUX LÉGUMES RÔTIS

# Salade MUESLI & CHÈVRE

- 100 g de graines de courge
- 60 g de graines de tournesol
- 2 cuill. à café de sauce soja
- 200 g de muesli
- 250 g de fromage de chèvre
- 1 avocat
- 1 pamplemousse
- 150 g de mesclun

Pour la sauce

- 4 cuill. à soupe d'huile d'olive vierge extra
- 2 cuill. à soupe de jus de citron
- 1 cuill. à café de moutarde de Dijon
- 1 cuill. à soupe de thym citron
- Sel et poivre du moulin

Pour 4 personnes • Préparation : 20 min • Cuisson : 15 min • Difficulté : 1

1. Préchauffez le four à 190 °C (therm. 6-7). Mélangez les graines de courge et de tournesol avec la sauce soja sur une plaque de cuisson, puis faites-les griller pendant 15 minutes. Laissez tiédir et réservez.
2. Incorporez les graines au muesli dans un saladier. Émiettez le fromage au-dessus de la préparation, puis mélangez le tout.
3. Coupez l'avocat en deux. Ôtez la peau et le noyau, puis tranchez la chair. Pelez le pamplemousse à vif, puis détaillez sa pulpe en segments. Mélangez le tout dans un saladier avec le mesclun.
4. Préparez la sauce. Fouettez tous les ingrédients dans un bol, puis versez sur la salade et servez.

# Salade POULET & HARICOTS

- 2 filets de poulet
- 250 g de brocoli
- 400 g de haricots œil noir (ou blancs) en conserve
- 1 avocat
- 50 g de pousses de soja
- 50 g de haricots mungo (dans les magasins bio)
- 50 g de roquette
- 3 cuill. à soupe de graines de tournesol

Pour la vinaigrette

- 4 cuill. à soupe d'huile d'olive vierge extra
- 1 cuill. à café de moutarde à l'ancienne
- 2 cuill. à café de vinaigre de vin
- Sel et poivre du moulin

Pour 4 personnes • Préparation : 15 min • Cuisson : 5 à 7 min • Difficulté : 1

1. Pochez les filets de poulet dans une casserole d'eau bouillante salée de 5 à 7 minutes. Égouttez-les et coupez-les en lamelles. Réservez.
2. Détaillez le brocoli en bouquets, puis faites-les blanchir pendant 1 ou 2 minutes. Égouttez-les, puis réservez.
3. Égouttez les haricots en conserve, puis rincez-les. Coupez l'avocat en deux, ôtez la peau et le noyau, puis tranchez la chair. Dans un saladier, mélangez le poulet, le brocoli, l'avocat, les pousses de soja, les haricots mungo, les haricots en conserve et la roquette. Saupoudrez de graines de tournesol.
4. Préparez la vinaigrette. Dans un bol, fouettez tous les ingrédients. Versez sur la salade, puis servez.

Riches en protéines et en oligoéléments comme tous les légumes secs, les lentilles présentent l'avantage de cuire rapidement sans nécessiter de trempage au préalable.

# Salade LENTILLES & NOIX

- 2 gousses d'ail
- 300 g de lentilles vertes du Puy
- 1 oignon
- 1 carotte
- 1 feuille de laurier
- 1,5 l d'eau
- 1 cuill. à café de sel
- 2 cuill. à soupe de persil ciselé
- 120 g de cerneaux de noix
- 120 g de graines de lin (dans les magasins bio)

Pour la vinaigrette

- 6 cuill. à soupe d'huile de noix
- 2 cuill. à soupe de vinaigre de vin
- 1 cuill. à soupe de moutarde de Dijon
- 2 gousses d'ail hachées
- Sel et poivre du moulin

Pour 6 personnes • Préparation : 15 min • Cuisson : 20 à 25 min • Difficulté : 1

1. Pilez l'ail, pelez l'oignon, coupez-le en deux et la carotte en quatre, puis mettez le tout dans une grande casserole avec les lentilles, le laurier et l'eau. Portez à ébullition. Ajoutez le sel et laissez mijoter à feu doux de 20 à 25 minutes.
2. Enlevez la casserole du feu. Sortez l'oignon, la carotte et le laurier. Égouttez soigneusement les lentilles en réservant 2 cuillerées à soupe d'eau de cuisson, puis dressez-les dans un plat de service.
3. Préparez la vinaigrette. Dans un bol, fouettez tous les ingrédients avec l'eau de cuisson réservée, puis salez et poivrez. Versez la vinaigrette sur les lentilles. Ajoutez le persil ciselé, les noix et les graines de lin, remuez, puis servez.

Si cette recette vous plaît, vous aimerez aussi...

Salade LENTILLES & LÉGUMES RÔTIS

Ragoût PATATES DOUCES & LENTILLES

Dahl LENTILLES & ÉPINARDS

# Céréales & légumes secs

## Chili de HARICOTS NOIRS

- 2 cuill. à soupe d'huile d'olive vierge extra
- 1 oignon
- 4 gousses d'ail
- 2 courgettes
- 2 carottes
- 1 cuill. à soupe de piment en poudre
- 1 cuill. à café de cumin en poudre
- 1 kg de tomates
- 150 g de maïs surgelé
- 150 g de petits pois surgelés
- 400 g de haricots rouges ou noirs en conserve (dans les épiceries asiatiques ou les magasins bio)
- Sel et poivre du moulin

Pour servir

- Riz complet cuit
- Feuilles de coriandre

Pour 4 personnes • Préparation : 15 min • Cuisson : 35 à 40 min • Difficulté : 1

1. Mettez l'huile à chauffer dans une cocotte. Pelez l'oignon et coupez-le en dés. Hachez l'ail et faites revenir l'ail et l'oignon pendant 3 ou 4 minutes.
2. Coupez les courgettes dans le sens de la longueur, puis émincez-les avec les carottes. Placez les légumes, le piment et le cumin dans la cocotte, puis faites cuire le tout de 6 à 8 minutes en remuant de temps en temps. Coupez les tomates en morceaux, puis ajoutez-les à la préparation avec le maïs et les petits pois. Laissez mijoter de 15 à 20 minutes.
3. Égouttez les haricots, puis rincez-les. Mettez-les dans la cocotte et prolongez la cuisson de 10 minutes. Salez et poivrez.
4. Servez le chili avec du riz complet, garni de coriandre.

Si cette recette vous plaît, vous aimerez aussi...

Salade CHOU, BROCOLI & HARICOTS

Burritos RIZ COMPLET & HARICOTS

Dahl LENTILLES & ÉPINARDS

# Croquettes BOULGHOUR & PATATES DOUCES

- 90 g de boulghour
- 1/2 cuill. à café de sel
- 500 g de patates douces
- 3 cuill. à soupe d'huile d'olive vierge extra
- 1 petit oignon
- 1 cuill. à café de cumin en poudre
- 3 cuill. à soupe de persil ciselé
- 2 cuill. à soupe de menthe hachée

Pour servir

- Quelques feuilles de salade

Pour 16 à 20 croquettes • Préparation : 20 min • Cuisson : 20 à 25 min • Difficulté : 1

1. Mélangez le boulghour avec une pincée de sel dans un saladier et couvrez d'eau chaude. Laissez gonfler de 20 à 30 minutes jusqu'à l'absorption de tout le liquide.
2. Pendant ce temps, pelez les patates douces, puis coupez-les en morceaux. Faites-les cuire de 15 à 20 minutes à la vapeur. Égouttez-les, laissez-les refroidir, puis écrasez-les à l'aide d'une fourchette.
3. Mettez à chauffer 2 cuillerées à soupe d'huile dans une casserole à feu doux. Pelez l'oignon, hachez-le et faites-le revenir de 10 à 15 minutes en remuant régulièrement. Ajoutez le cumin et une pincée de sel, puis mélangez le tout. Incorporez le boulghour et les patates douces, puis transférez la préparation dans un saladier. Incorporez le reste de l'huile, le persil et la menthe. Goûtez, puis salez si nécessaire. Façonnez des croquettes et disposez-les dans un plat huilé allant au four. Enfournez pour 15 minutes à 180 °C (therm. 6) et retournez les croquettes à mi-cuisson. Servez chaud.

# Houmous POMME VERTE & CRUDITÉS

- 400 g de pois chiches en conserve
- 4 cuill. à soupe de jus de citron
- 4 gousses d'ail
- 1 cuill. à café de cumin en poudre
- 10 cl de tahini (purée de sésame, dans les magasins bio)
- 10 cl d'eau
- 3 cuill. à soupe d'huile d'olive vierge extra
- 1 cuill. à café de paprika fort
- Sel et poivre du moulin

Pour servir

- Pommes granny smith bio
- Tiges de céleri-branche
- Mini-carottes

Pour 2 à 4 personnes • Préparation : 10 min • Difficulté : 1

1. Égouttez les pois chiches, puis rincez-les. Mettez-les avec le jus de citron, l'ail, le cumin, le tahini, l'eau, et du sel et du poivre dans le bol d'un robot, puis mixez jusqu'à l'obtention d'une pâte crémeuse.
2. En fonction de vos goûts, ajoutez éventuellement du jus de citron, de l'ail, du cumin, du sel ou du poivre. Arrosez la préparation d'huile d'olive et saupoudrez de paprika.
3. Rincez les pommes, évidez-les, puis coupez-les en quartiers. Détaillez le céleri en bâtonnets. Présentez le houmous dans un bol, au centre d'un plat de service, entouré de quartiers de pomme et de crudités. Arrosez les pommes de jus de citron pour éviter qu'elles noircissent.

Ces burgers sont savoureux accompagnés d'un chutney maison ou de ketchup, par exemple.

# Burgers de LENTILLES AU CURRY

- 50 g de riz complet
- 375 g de lentilles brunes
- 4 cuill. à soupe d'huile d'olive vierge extra
- 1 oignon
- 1 carotte
- 150 g de champignons
- 1 cuill. à soupe de gingembre râpé
- 2 cuill. à café de cumin en poudre
- 1 cuill. à café de curry
- 1/2 cuill. à café de graines de moutarde
- 1/2 cuill. à café de curcuma
- 1 gros œuf
- 6 petits pains ronds complets grillés
- Sel et poivre du moulin

Pour servir

- Rondelles de tomate et de concombre
- Feuilles de salade
- Mayonnaise

Pour 6 personnes • Préparation : 30 min • Cuisson : 1h10 • Difficulté : 2

1. Faites cuire le riz pendant 40 minutes dans une casserole d'eau salée. Égouttez et réservez. Procédez de même pour les lentilles, en les faisant cuire 30 minutes. Préchauffez le four à 190 °C (therm. 6-7).
2. Mettez à chauffer 2 cuillerées à soupe d'huile dans une poêle. Pelez l'oignon, puis émincez-le avec la carotte. Faites-les revenir 3 minutes. Rincez les champignons et hachez-les. Mettez-les dans la poêle avec le gingembre, le cumin, le curry, les graines de moutarde, le curcuma, du sel et du poivre. Prolongez la cuisson de 5 minutes. Transférez le tout dans un saladier et ajoutez le riz.
3. Dans le bol d'un robot, mixez les lentilles et l'œuf, puis ajoutez le mélange de légumes et de riz. Façonnez six palets. Faites chauffer le reste de l'huile dans un plat allant au four, déposez les palets et enfournez pour 15 minutes en les retournant à mi-cuisson. Servez chaud dans un petit pain grillé, garni de crudités et de mayonnaise.

Si cette recette vous plaît, vous aimerez aussi...

Croquettes BOULGHOUR & PATATES DOUCES

Burritos RIZ COMPLET & HARICOTS

Burgers de QUINOA

# Burritos RIZ COMPLET & HARICOTS

- 150 g de riz complet
- 2 cuill. à soupe d'huile d'olive vierge extra
- 1 piment
- 2 oignons
- 4 gousses d'ail
- 1/2 cuill. à café de cumin en poudre
- 3 cuill. à soupe de concentré de tomate
- 400 g de haricots blancs en conserve égouttés et rincés
- 40 cl d'eau
- 300 g de maïs surgelé
- 6 ciboules émincées
- 8 grandes tortillas de blé
- 250 g de cheddar ou de gruyère râpé
- Sel et poivre du moulin

Pour servir

- Salsa (facultatif)

Pour 8 personnes • Préparation : 20 min • Cuisson : 20 à 25 min • Difficulté : 1

1. Faites cuire le riz pendant 30 à 40 minutes dans une casserole d'eau salée. Égouttez et réservez.
2. Mettez l'huile à chauffer dans une sauteuse. Épépinez le piment et pelez les oignons. Hachez les oignons, l'ail, le piment, puis mettez-les dans la sauteuse avec le cumin, du sel et du poivre. Faites cuire de 10 à 12 minutes en remuant régulièrement. Incorporez le concentré de tomate.
3. Mettez les haricots dans la poêle, puis versez l'eau. Portez à ébullition et laissez réduire pendant 10 à 12 minutes en remuant de temps en temps. Ajoutez le maïs et prolongez la cuisson de 2 ou 3 minutes. Émincez les ciboules. Hors du feu, incorporez les ciboules. Faites chauffer les tortillas dans une poêle à sec. Garnissez-les de préparation aux haricots et de fromage, puis servez éventuellement avec de la salsa.

# Burgers de QUINOA

- 150 g de quinoa
- 1 carotte
- 6 ciboules
- 400 g de haricots blancs en conserve
- 30 g de chapelure fine
- 1 œuf battu
- 1 cuill. à café de cumin en poudre
- 2 cuill. à soupe d'huile d'olive vierge extra
- 12 cl de yaourt à la grecque
- 1 cuill. à soupe de jus de citron
- 4 petits pains ronds grillés
- Sel et poivre du moulin

Pour servir

- 1/2 concombre en rondelles
- Rondelles d'oignon rouge
- Feuilles de salade

Pour 4 personnes • Préparation : 20 min • Cuisson : 25 à 30 min • Difficulté : 1

1. Rincez le quinoa et faites-le cuire pendant 15 minutes dans une casserole d'eau salée. Égouttez, puis réservez.
2. Émincez la carotte et les ciboules. Égouttez les haricots, puis rincez-les. Rassemblez la carotte, les haricots et la moitié des ciboules dans le bol d'un robot avec le quinoa, la chapelure, l'œuf battu, le cumin, du sel et du poivre, puis mixez jusqu'à l'obtention d'un hachis. Façonnez quatre galettes épaisses.
3. Mettez l'huile à chauffer dans une grande poêle, puis faites dorer les galettes de 8 à 10 minutes de chaque côté.
4. Mélangez le yaourt, le jus de citron et le reste des ciboules dans un bol avec du sel et du poivre. Disposez chaque galette dans un petit pain grillé, garni de crudités et de sauce au yaourt.

L'épeautre est une variété de blé dont le goût rappelle celui de la noisette. Plus pauvre en gluten que la plupart des autres céréales, il apporte saveur et texture à un risotto traditionnel.

# Risotto ÉPEAUTRE & POIREAUX

- 200 g d'épeautre
- 2 cuill. à soupe d'huile d'olive vierge extra
- 500 g de blancs de poireaux
- 2 gousses d'ail
- 200 g de riz arborio
- 12 cl de vin blanc sec
- 1,5 l de bouillon de légumes
- 3 cuill. à soupe de persil ciselé
- 60 g de parmesan râpé
- 2 cuill. à soupe de jus de citron
- Sel et poivre du moulin

Pour 4 à 6 personnes • Préparation : 30 min • Cuisson : 45 à 50 min • Difficulté : 1

1. Faites cuire l'épeautre dans une casserole d'eau salée en suivant les instructions figurant sur l'emballage. Égouttez et réservez.
2. Mettez l'huile à chauffer dans une grande poêle. Émincez les poireaux et faites-les revenir 3 minutes dans la poêle. Ajoutez l'ail haché et le riz, du sel et du poivre, puis faites cuire pendant 2 ou 3 minutes en remuant constamment, jusqu'à ce que les grains de riz soient translucides.
3. Versez le vin blanc et faites cuire jusqu'à l'absorption complète du liquide. Ajoutez le bouillon une louche à la fois en remuant jusqu'à l'absorption du liquide. Incorporez l'épeautre et prolongez la cuisson jusqu'à ce que le riz soit cuit al dente.
4. Incorporez le persil, le parmesan et le jus de citron, puis servez.

Si cette recette vous plaît, vous aimerez aussi...

Risotto noir
aux ARTICHAUTS

Risotto rouge
au BROCOLI

Spaghettis complets
au PESTO DE ROQUETTE

# Risotto noir aux ARTICHAUTS

- 200 g de riz noir
- 2 cuill. à soupe d'huile d'olive vierge extra
- 1 petit oignon
- 2 gousses d'ail
- 8 artichauts poivrades
- 200 g de riz arborio
- 1 cuill. à café de thym
- 12 cl de vin blanc sec
- 1,75 l de bouillon de légumes
- 2 cuill. à soupe de persil ciselé
- 2 cuill. à café de zeste de citron non traité
- 2 cuill. à café de jus de citron
- 60 g de parmesan râpé
- Sel et poivre du moulin

Pour 4 à 6 personnes • Préparation : 30 min • Cuisson : 45 à 50 min • Difficulté : 1

1. Faites cuire le riz noir dans une casserole d'eau salée selon les instructions figurant sur l'emballage. Égouttez et réservez.
2. Mettez l'huile à chauffer dans une grande poêle. Pelez l'oignon, puis hachez-le et faites-le revenir 3 ou 4 minutes. Pilez l'ail. Parez les artichauts, puis coupez-les en quatre. Ajoutez-les dans la poêle avec l'ail et prolongez la cuisson de 2 ou 3 minutes.
3. Ajoutez le riz arborio, le thym, du sel et du poivre. Faites revenir le tout en remuant constamment pendant 2 ou 3 minutes, jusqu'à ce que les grains de riz soient translucides. Versez le vin blanc, puis laissez cuire jusqu'à l'absorption complète du liquide. Ajoutez le bouillon une louche à la fois en remuant, jusqu'à l'absorption du liquide, pendant 20 minutes. Incorporez le riz noir et réchauffez le tout.
4. Ajoutez le persil, le zeste et le jus de citron, puis le parmesan, et servez.

# Risotto rouge au BROCOLI

- 200 g de riz rouge (dans les magasins bio)
- 2 cuill. à soupe d'huile d'olive vierge extra
- 1 petit oignon
- 350 g de brocoli
- 1 poivron rouge
- 2 gousses d'ail
- 1/2 cuill. à café de piment en poudre
- 200 g de riz arborio
- 12 cl de vin blanc sec
- 1,5 l de bouillon de légumes
- 60 g de parmesan râpé
- 2 cuill. à soupe de persil ciselé
- Sel et poivre du moulin

Pour 4 à 6 personnes • Préparation : 30 min • Cuisson : 45 à 50 min • Difficulté : 1

1. Faites cuire le riz rouge dans une casserole d'eau salée selon les instructions figurant sur l'emballage. Égouttez et réservez.
2. Mettez l'huile à chauffer dans une grande poêle. Pelez l'oignon, hachez-le et faites-le revenir 3 ou 4 minutes. Détaillez le brocoli en bouquets et le poivron en dés. Pilez l'ail et mettez-le dans la poêle avec le piment. Prolongez la cuisson de 2 ou 3 minutes.
3. Ajoutez le riz arborio, du sel et du poivre, puis faites revenir en remuant constamment pendant 2 ou 3 minutes, jusqu'à ce que les grains de riz soient translucides. Versez le vin et faites cuire jusqu'à l'absorption du liquide. Ajoutez le bouillon une louche à la fois en remuant, jusqu'à l'absorption complète du liquide, pendant 20 minutes. Incorporez le riz rouge et réchauffez le tout.
4. Incorporez le parmesan et le persil, puis servez.

Assimilé à une céréale, le quinoa est cultivé depuis des siècles sur les hauts plateaux des Andes (Pérou, Bolivie, Équateur). Le quinoa ne contient pas de gluten, mais il est plus riche en protéines que la plupart des céréales. C'est donc un aliment essentiel au menu des végétariens.

# Quinoa aux CREVETTES

- 180 g de quinoa
- 2 cuill. à soupe d'huile d'olive vierge extra
- 2 gousses d'ail
- 20 grosses crevettes cuites décortiquées
- 4 ciboules
- 1 petit concombre
- 3 cuill. à soupe de coriandre ciselée

Pour la sauce

- 2 cuill. à soupe de jus de citron vert
- 1 cuill. à soupe de vinaigre de riz (dans les épiceries asiatiques)
- 1 cuill. à café de gingembre râpé
- 1 gousse d'ail
- 2 cuill. à café d'huile de noix
- 4 cuill. à soupe d'huile d'olive vierge extra
- Sel et poivre du moulin

Pour 4 personnes • Préparation : 20 min • Cuisson : 25 à 30 min • Difficulté : 1

1. Préparez la sauce. Fouettez tous les ingrédients ensemble dans un bol.
2. Faites cuire le quinoa dans une casserole d'eau salée pendant 15 à 20 minutes. Égouttez-le et transférez-le dans un saladier. Réservez au chaud.
3. Mettez l'huile à chauffer dans une grande poêle. Hachez l'ail, puis faites-le revenir 3 ou 4 minutes. Ajoutez les crevettes et faites-les réchauffer pendant 2 ou 3 minutes.
4. Émincez les ciboules, coupez le concombre en deux, épépinez-le, puis émincez-le. Mélangez le tout avec la coriandre et le quinoa dans le saladier. Dressez cette préparation sur quatre assiettes, garnissez chacune de crevettes, puis arrosez de sauce et servez chaud.

Si cette recette vous plaît, vous aimerez aussi...

61
Burgers de QUINOA

68
Quinoa BIRYANI

68
Quinoa & RIZ PILAF

## Kasha épicé aux LÉGUMES

Pour 4 personnes • Préparation : 15 min • Cuisson : 20 min • Difficulté : 1

- 200 g de sarrasin
- 50 cl de bouillon de légumes
- 1 poivron jaune
- 1 concombre
- 400 g de pois chiches en conserve égouttés
- 2 tomates concassées
- 4 ciboules émincées
- 4 cuill. à soupe de persil
- 4 cuill. à soupe de menthe
- 4 cuill. à soupe de jus de citron
- 2 cuill. à soupe d'huile d'olive vierge extra
- 1 cuill. à soupe de miel
- 3 cuill. à café de sauce piquante
- Sel et poivre du moulin

1. Faites griller le sarrasin dans une casserole pendant 2 ou 3 minutes, jusqu'à ce qu'il dégage un parfum de noisette. Arrosez-le de bouillon et faites mijoter de 5 à 10 minutes à couvert jusqu'à l'absorption complète du liquide. Enlevez la casserole du feu.
2. Détaillez le poivron et le concombre en dés, puis incorporez-les au kasha avec les pois chiches, les tomates et les ciboules. Ciselez le persil et la menthe au-dessus de la casserole et mélangez.
3. Dans un bol, fouettez le jus de citron, l'huile, le miel, la sauce piquante, du sel et du poivre. Arrosez la préparation, mélangez bien, puis servez chaud.

## Quinoa BIRYANI

Pour 4 à 6 personnes • Préparation : 15 min • Cuisson : 35 min • Difficulté : 2

- 2 cuill. à soupe d'huile végétale
- 1 oignon
- 3 gousses d'ail
- 1 poivron vert
- 2 courgettes
- 1 cuill. à café de *garam masala* (mélange d'épices indien)
- 1 pincée de pistils de safran
- 200 g de quinoa
- 40 cl d'eau
- 2 cuill. à soupe de persil ciselé
- 2 cuill. à soupe de coriandre ciselée
- Sel et poivre du moulin

Pour servir

- Brins de coriandre
- 2 cuill. à soupe de pignons de pin
- 2 cuill. à soupe de raisins secs

1. Mettez l'huile à chauffer dans une grande casserole. Pelez l'oignon, puis hachez-le avec l'ail et faites-les revenir 3 ou 4 minutes. Coupez le poivron en morceaux, puis émincez les courgettes et faites-les cuire 3 minutes avec le *garam masala* et le safran.
2. Mettez le quinoa et l'eau dans une casserole et portez à ébullition. Laissez mijoter 15 minutes à feu doux. Incorporez le persil et la coriandre, puis laissez mijoter 5 minutes jusqu'à l'absorption complète du liquide. Salez et poivrez. Garnissez de coriandre, de pignons et de raisins secs, puis servez.

## Boulghour PILAF

Pour 4 personnes • Préparation : 10 à 15 min • Repos : 20 min • Cuisson : 8 à 10 min • Difficulté : 2

- 4 cuill. à soupe d'huile d'olive
- 4 grosses échalotes
- 1 poivron rouge
- 1 poivron jaune
- 1½ cuill. à soupe de concentré de tomate
- 60 g de raisins secs
- 1 cuill. à café de graines de cumin
- 1 cuill. à soupe de baies roses
- 1 cuill. à soupe de graines de coriandre en poudre
- 250 g de boulghour
- 25 cl d'eau
- 375 g de fèves surgelées
- 40 g d'amandes grillées
- 18 cl de yaourt nature
- Sel et poivre du moulin

1. Mettez l'huile à chauffer dans une grande casserole. Pelez les échalotes, épépinez les poivrons, puis émincez le tout et faites revenir de 5 à 10 minutes. Incorporez le concentré de tomate, les raisins secs, le cumin, les baies roses, la coriandre et laissez cuire 3 minutes. Ajoutez le boulghour et l'eau en mélangeant bien. Salez, poivrez et portez à ébullition. Enlevez la casserole du feu, puis couvrez. Laissez reposer 20 minutes.
2. Faites cuire les fèves dans l'eau bouillante pendant 5 minutes. Remuez le boulghour avec une fourchette, puis ajoutez les fèves. Salez et poivrez. Servez avec les amandes et le yaourt.

## Quinoa & RIZ PILAF

Pour 4 personnes • Préparation : 15 min • Cuisson : 35 à 40 min • Difficulté : 1

- 20 tomates cerises
- 4 cuill. à soupe d'huile d'olive
- 1 oignon
- 3 tiges de céleri-branche
- 1 cuill. à café de graines de cumin
- 2 gousses d'ail
- 100 g de riz basmati complet
- 150 g de quinoa
- 3 cuill. à soupe d'aneth ciselé
- 50 cl de bouillon de légumes
- 3 cuill. à soupe de pignons de pin
- Sel et poivre du moulin

Pour servir

- Persil ciselé

1. Préchauffez le four à 180 °C (therm. 6). Coupez les tomates en deux, disposez-les sur une plaque de cuisson et arrosez-les de 2 cuillerées à soupe d'huile. Salez et poivrez. Enfournez pour 15 minutes, puis réservez.
2. Mettez le reste de l'huile à chauffer dans une sauteuse. Pelez l'oignon, puis émincez-le avec le céleri et faites-les revenir avec le cumin et l'ail haché pendant 5 minutes. Ajoutez le riz, le quinoa, l'aneth et le bouillon, puis laissez mijoter 15 minutes à couvert.
3. Faites griller les pignons dans une poêle antiadhésive et mélangez-les avec les tomates rôties. Versez sur le pilaf et garnissez de persil. Servez chaud.

Si ce pesto se marie à merveille avec des pâtes traditionnelles, les céréales complètes sont bien plus diététiques. Les pâtes doivent toujours être cuites al dente : elles n'en sont que plus savoureuses, avec un index glycémique réduit.

# Spaghettis complets au PESTO DE ROQUETTE

- 120 g de cerneaux de noix
- 4 gousses d'ail
- 250 g de roquette
- 40 g de parmesan râpé
- 6 cuill. à soupe d'huile d'olive vierge extra
- 500 g de spaghettis complets
- Sel et poivre du moulin

Pour 4 à 6 personnes • Préparation : 20 min • Cuisson : 10 à 12 min • Difficulté : 1

1. Concassez les cerneaux de noix et faites-les griller à sec dans une poêle antiadhésive. Étalez-les dans un plat et laissez refroidir pendant 2 ou 3 minutes.
2. Pelez les gousses d'ail, hachez-les et placez-les dans le bol d'un robot avec les noix et la roquette. Ajoutez le parmesan et l'huile, puis mixez jusqu'à l'obtention d'une préparation lisse. Salez et poivrez.
3. Portez à ébullition une grande casserole d'eau. Ajoutez les spaghettis et faites-les cuire al dente.
4. Égouttez-les soigneusement, puis transférez-les dans un plat chaud. Ajoutez le pesto de roquette, remuez délicatement et servez sans attendre.

Si cette recette vous plaît, vous aimerez aussi…

62
Risotto ÉPEAUTRE & POIREAUX

64
Risotto noir aux ARTICHAUTS

65
Risotto rouge au BROCOLI

# Poissons & crustacés

## Saumon rôti PESTO D'HERBES & RIZ



- 200 g de riz basmati
- 50 g d'olives de Kalamata dénoyautées
- 1 poivron rouge
- 60 g de pignons de pin
- 4 filets de saumon de 180 g chacun
- 2 cuill. à soupe de jus de citron
- Sel et poivre du moulin

Pour le pesto

- 4 cuill. à soupe d'aneth
- 4 cuill. à soupe de menthe
- 4 cuill. à soupe de persil
- 4 cuill. à soupe de ciboulette
- 2 cuill. à soupe de câpres égouttées
- 1 cuill. à soupe de moutarde à l'ancienne
- 2 cuill. à soupe de pignons de pin
- 4 cuill. à soupe de jus de citron
- 4 cuill. à soupe d'huile d'olive vierge extra

Pour 4 personnes • Préparation : 20 min • Cuisson : 20 à 30 min • Difficulté : 1

1. Faites cuire le riz dans une casserole d'eau salée pendant 15 à 20 minutes. Égouttez-le et mettez-le dans un saladier. Hachez les olives. Épépinez le poivron, puis coupez-le en dés. Faites griller les pignons dans une poêle antiadhésive à sec, puis mélangez le tout avec le riz.
2. Préchauffez le four à 200 °C (therm. 6-7). Placez les filets de saumon dans un plat huilé. Arrosez-les de jus de citron, puis salez et poivrez. Enfournez pour 10 à 20 minutes.
3. Préparez le pesto. Ciselez les herbes et rincez les câpres. Placez-les dans le bol d'un robot avec la moutarde, les pignons de pin, le jus de citron et l'huile, puis mixez en conservant une certaine texture au mélange.
4. Dressez le riz sur les assiettes, garnissez d'un filet de saumon nappé de pesto et servez chaud.

Si cette recette vous plaît, vous aimerez aussi...

Filets de POISSON RÔTIS AUX TOMATES

Saumon & NOUILLES AUX LÉGUMES

Saumon rôti TOMATES & RIZ COMPLET

# Steak de THON AU CHOU CHINOIS

- 4 cuill. à soupe de sauce soja
- 4 cuill. à soupe de cassonade
- 2 gousses d'ail
- 1 cuill. à soupe d'huile de sésame
- 4 steaks de thon de 200 g chacun
- 2 cuill. à soupe d'huile d'arachide
- 4 *bok choï* (chou chinois)
- Le jus de 2 citrons verts
- 2 ciboules hachées
- 2 cuill. à soupe de graines de sésame
- Sel et poivre du moulin

Pour 4 personnes • Préparation : 15 min • Marinade : 1 ou 2 h • Cuisson : 10 min • Difficulté : 1

1. Mélangez la sauce soja et la cassonade dans une petite casserole, puis faites chauffer jusqu'à ce que le sucre ait fondu. Émincez l'ail et ajoutez-le au mélange avec l'huile de sésame, puis ôtez la casserole du feu. Laissez refroidir cette préparation avant d'y faire mariner le thon pendant 1 ou 2 heures.
2. Faites chauffer un gril. Badigeonnez le thon d'une cuillerée à soupe d'huile d'arachide. Faites-le griller 1 ou 2 minutes de chaque côté, et badigeonnez-le régulièrement de marinade.
3. Coupez les *bok choï* dans le sens de la longueur et arrosez-les du reste de l'huile d'arachide. Salez et poivrez, puis faites-les griller 3 minutes sur la face coupée. Arrosez de jus de citron vert et d'un peu d'huile, puis parsemez de ciboule et de graines de sésame. Servez chaud avec le thon.

# Thon grillé & SALADE TOMATES-HARICOTS

- 500 g de tomates cerises
- 4 ciboules
- 400 g de haricots blancs en conserve
- 4 cuill. à soupe de coriandre ciselée
- 1 cuill. à soupe de jus de citron
- 4 cuill. à soupe d'huile d'olive vierge extra
- 4 steaks de thon de 200 g chacun
- Sel et poivre du moulin

Pour 4 personnes • Préparation : 15 min • Cuisson : 2 à 6 min • Difficulté : 1

1. Rincez les tomates et coupez-les en quatre. Ciselez les ciboules. Égouttez les haricots, puis rincez-les. Mélangez le tout dans un saladier avec la coriandre, le jus de citron, 3 cuillerées à soupe d'huile, du sel et du poivre. Réservez.
2. Faites chauffer un gril. Badigeonnez le thon du reste de l'huile, puis salez et poivrez.
3. Faites griller le thon 1 ou 2 minutes de chaque côté, puis servez garni de salade aux haricots.

## THON & salade à l'ORANGE

Pour 4 personnes • Préparation : 15 min • Cuisson : 3 à 5 min • Difficulté : 2

- Le jus et le zeste de 2 oranges non traitées
- 1 bulbe de fenouil
- 4 tomates cerises
- 4 radis
- 1 tige de céleri-branche
- 100 g d'olives noires
- 200 g de mesclun
- 1 cuill. à soupe d'aneth ciselé
- 6 cuill. à soupe d'huile d'olive vierge extra
- 3 cuill. à soupe de vinaigre balsamique
- 60 g de câpres rincées
- 4 steaks de thon
- Sel et poivre du moulin

1. Mettez un gril à chauffer. Faites blanchir le zeste des oranges pendant 2 minutes. Égouttez-le et réservez.
2. Rincez le fenouil et les tomates. Émincez les radis, le céleri-branche et le fenouil, puis coupez les tomates en deux. Mélangez le tout dans un saladier avec les olives, le mesclun, l'aneth et le zeste d'orange. Arrosez de la moitié de l'huile et du vinaigre, puis salez et poivrez.
3. Mélangez le jus des oranges avec le reste de l'huile et du sel et du poivre dans un bol. Ajoutez les câpres. Faites griller le thon de 3 à 5 minutes, puis dressez la salade dans des assiettes, avec un steak de thon arrosé de sauce à l'orange. Servez chaud.

## Brochettes d'ESPADON

Pour 4 à 6 personnes • Préparation : 15 min • Cuisson : 20 à 30 min • Difficulté : 1

- 750 g d'espadon
- 1 poivron vert
- 1 aubergine
- 1 cuill. à soupe de romarin ciselé
- 12 cl d'huile d'olive vierge extra
- Sel et poivre du moulin

1. Faites tremper des piques en bois dans de l'eau froide pendant 30 minutes. Mettez un gril à chauffer ou allumez un barbecue.
2. Coupez l'espadon en dés. Rincez le poivron, puis détaillez-le en morceaux avec l'aubergine et enfilez ces ingrédients sur les piques en alternant poisson et légumes.
3. Mélangez le romarin avec l'huile dans un bol, salez et poivrez. Badigeonnez les brochettes de cette préparation, puis faites-les griller sur chaque face de 5 à 10 minutes. Servez chaud avec la sauce.

## Filets de POISSON RÔTIS AUX TOMATES

Pour 4 personnes • Préparation : 10 min • Cuisson : 15 min • Difficulté : 1

- 8 filets de poisson blanc à chair ferme (saint-pierre, perche, bar, flétan, cabillaud, lotte ou tilapia)
- 4 cuill. à soupe d'huile d'olive vierge extra
- 500 g de tomates cerises
- 4 gousses d'ail
- 2 cuill. à soupe de persil ciselé
- Sel et poivre du moulin

1. Préchauffez le four à 180 °C (therm. 6) et huilez un grand plat.
2. Déposez les filets de poisson dans le plat, puis arrosez-les d'un peu d'huile. Coupez les tomates en deux, puis disposez-les sur le poisson. Pilez l'ail au-dessus du plat, ajoutez le persil, puis salez et poivrez. Arrosez du reste de l'huile.
3. Enfournez pour 10 à 15 minutes, puis servez.

## Poisson blanc & SALSA D'AVOCAT

Pour 4 personnes • Préparation : 15 min • Cuisson : 15 min • Difficulté : 1

- 2 grosses pommes de terre
- 2 cuill. à soupe d'huile d'olive vierge extra
- 8 filets de poisson blanc à chair ferme (saint-pierre, perche, bar, flétan, cabillaud, lotte ou tilapia)
- Sel et poivre du moulin

Pour la salsa

- 1 avocat
- 1 concombre émincé
- 1 tomate émincée
- 1 oignon pelé, puis émincé
- 2 cuill. à soupe de jus de citron
- 2 cuill. à soupe de vinaigre de vin blanc
- 4 cuill. à soupe de coriandre ciselée
- 1 pincée de sucre en poudre

1. Placez un gril sur feu vif. Pelez les pommes de terre, émincez-les, puis mélangez-les à la moitié de l'huile, avec du sel et du poivre. Faites-les griller de 8 à 10 minutes. Badigeonnez les filets de poisson du reste de l'huile, salez et poivrez. Faites-les griller 3 minutes de chaque côté.
2. Préparez la salsa. Coupez l'avocat en deux, ôtez la peau et le noyau, puis détaillez la chair en dés. Mélangez-les dans un saladier avec le reste des ingrédients. Dressez les pommes de terre sur les assiettes avec le poisson et la salsa.

Les crevettes sont une excellente source de protéines maigres. Une portion couvre environ 15 % des besoins quotidiens en oméga 3. Elles sont également riches en fer, en phosphore et en zinc, ainsi qu'en vitamine B12. Les nouilles soba sont une variété de nouilles japonaises riches en protéines et en calcium. Elles sont fabriquées à partir de farine de sarrasin.

# Nouilles japonaises CREVETTES & MANGUE

- 250 g de nouilles soba (nouilles de sarrasin, dans les épiceries asiatiques)
- 90 g de pulpe de tamarin (dans les épiceries asiatiques)
- 2 cuill. à soupe de cassonade
- 4 cuill. à soupe d'huile d'olive vierge extra
- 1 cuill. à soupe de jus de citron vert
- 1/2 cuill. à café de piment de Cayenne
- 2 mangues
- 1 oignon rouge
- 60 g de cacahuètes salées
- 50 g de coriandre ciselée
- 6 gousses d'ail
- 500 g de grosses crevettes décortiquées
- 1/2 cuill. à café de graines de coriandre en poudre
- Sel et poivre du moulin

Pour 4 personnes • Préparation : 20 min • Cuisson : 8 à 10 min • Difficulté : 1

1. Faites cuire les nouilles en suivant les instructions figurant sur le paquet.
2. Fouettez la pulpe de tamarin, la cassonade, 2 cuillerées à soupe d'huile, le jus de citron vert et le piment dans un saladier. Pelez les mangues, ôtez le noyau, puis coupez la chair en lamelles. Épluchez l'oignon rouge, puis émincez-le. Concassez les cacahuètes. Égouttez les nouilles et ajoutez-les dans le saladier avec la coriandre ciselée, l'oignon, les mangues, la moitié des cacahuètes, du sel et du poivre. Mélangez soigneusement.
3. Mettez le reste de l'huile dans un wok ou une sauteuse. Pilez l'ail et faites-le revenir pendant 2 ou 3 minutes, puis réservez-le sur du papier absorbant. Augmentez le feu et ajoutez les crevettes, les graines de coriandre en poudre, du sel et du poivre. Faites revenir la préparation 2 ou 3 minutes, puis répartissez les nouilles et les crevettes dans des bols. Parsemez du reste de cacahuètes et d'ail et servez chaud.

Si cette recette vous plaît, vous aimerez aussi...

66
Quinoa aux CREVETTES

81
Saumon & NOUILLES AUX LÉGUMES

82
Tajine de POISSON

# MAQUEREAU grillé

- 1 cuill. à café de poivre noir concassé
- 2 cuill. à café de graines de coriandre en poudre
- 1 cuill. à soupe de zeste de citron non traité
- 4 oranges non traitées
- 1 piment rouge
- 8 filets de maquereau
- 2 cuill. à soupe de feuilles de coriandre
- 1 oignon rouge
- 150 g de cresson

Pour 4 personnes • Préparation : 15 min • Cuisson : 4 ou 5 min • Difficulté : 1

1. Préchauffez un gril ou allumez un barbecue. Mélangez le poivre, la coriandre en poudre et le zeste de citron dans un bol. Râpez le zeste de la moitié d'une orange au-dessus du mélange. Épépinez le piment, hachez-le et placez-en la moitié dans le bol.
2. Incisez les filets de maquereau, puis enduisez-les de préparation au poivre. Placez-les sur le gril, côté chair, 4 ou 5 minutes. Parsemez de coriandre ciselée.
3. Pelez les oranges à vif et détachez les quartiers. Épluchez l'oignon rouge, puis émincez-le. Répartissez le cresson sur quatre assiettes et garnissez-les de quartiers d'orange, de rondelles d'oignon et du reste de piment. Dressez les filets de maquereau, puis servez chaud.

# Saumon & NOUILLES AUX LÉGUMES

- 250 g de nouilles soba (nouilles de sarrasin, dans les épiceries asiatiques)
- Le jus de 1 orange
- 1 cuill. à soupe de miel liquide
- 2 cuill. à soupe de sauce soja
- 2 cuill. à soupe d'huile d'olive vierge extra
- 250 g de brocoli
- 120 de haricots verts
- 2 filets de saumon de 180 g chacun
- 2 avocats
- 6 tomates cerises
- 180 g de pousses d'épinards
- 60 g de cerneaux de noix

Pour 4 personnes • Préparation : 15 min • Cuisson : 7 min • Difficulté : 1

1. Faites cuire les nouilles en suivant les instructions figurant sur le paquet.
2. Fouettez le jus d'orange, le miel et la sauce soja dans un bol.
3. Mettez l'huile à chauffer dans un wok à feu vif. Détaillez le brocoli en bouquets, puis équeutez les haricots verts et faites sauter le tout 2 minutes. Coupez le saumon en morceaux, puis ajoutez-les aux légumes. Prolongez la cuisson de 2 minutes.
4. Coupez l'avocat en deux, ôtez la peau et le noyau, puis détaillez la chair en morceaux. Coupez les tomates cerises en quartiers. Ajoutez-les dans le wok, avec les pousses d'épinards et les cerneaux de noix, puis laissez cuire 2 minutes. Incorporez la préparation à base de jus d'orange, ajoutez les nouilles, puis servez chaud.

Originaire d'Afrique du Nord, le tajine est le nom du plat en terre cuite dans lequel le mets est préparé. Cette variante au poisson est à la fois savoureuse, légère et saine.

# Tajine de POISSON

- 8 filets de 150 g de poisson blanc à chair ferme (saint-pierre, perche, bar, flétan, cabillaud, lotte ou tilapia)
- 2 cuill. à soupe d'huile d'olive vierge extra
- 2 oignons
- 2 gousses d'ail
- 2 cuill. à café de cumin en poudre
- 2 cuill. à café de paprika
- 400 g de tomates concassées en conserve
- 50 cl de court-bouillon
- 50 g d'olives vertes dénoyautées
- 4 poivrons verts
- 500 g de pommes de terre nouvelles
- 2 cuill. à soupe de feuilles de coriandre ciselées

Pour la *chermoula* (marinade)

- 5 gousses d'ail
- 50 g de feuilles de coriandre
- 2 cuill. à soupe d'huile d'olive vierge extra
- 4 cuill. à café de cumin en poudre
- 2 cuill. à café de paprika
- 1/2 cuill. à café de sel
- Le jus et le zeste de 1 citron non traité

Pour 6 à 8 personnes • Préparation : 20 min • Cuisson : 35 à 40 min • Difficulté : 2

1. Préparez la *chermoula*. Pilez l'ail et ciselez la coriandre. Réunissez ces ingrédients avec l'huile, le cumin, le paprika, le sel et le jus de citron dans le bol d'un robot, puis mixez. Nappez les filets de poisson de la moitié de cette marinade et réservez.
2. Mettez l'huile à chauffer dans une grande cocotte. Pelez les oignons, émincez-les avec l'ail, puis faites-les revenir 3 ou 4 minutes. Ajoutez le cumin et le paprika, puis prolongez la cuisson de 2 minutes. Incorporez les tomates, le court-bouillon, les olives, le zeste de citron et le reste de la *chermoula*, puis laissez mijoter 10 minutes.
3. Épépinez les poivrons, émincez-les, puis ajoutez-les à la préparation avec les pommes de terre. Couvrez et laissez mijoter 15 minutes.
4. Ajoutez la coriandre, puis disposez les filets de poisson sur le mélange. Faites cuire de 4 à 6 minutes et servez chaud.

Si cette recette vous plaît, vous aimerez aussi...

76

Poisson blanc & SALSA D'AVOCAT

80

MAQUEREAU grillé

85

Poisson blanc PAMPLEMOUSSE & CHAMPIGNONS

# Saumon rôti TOMATES & RIZ COMPLET

- 200 g de riz complet
- 1 citron non traité
- 1 orange non traitée
- 4 filets de saumon de 180 g, sans la peau
- 3 cuill. à soupe de tomates séchées
- 1 cuill. à soupe d'huile d'olive vierge extra
- 2 cuill. à soupe d'aneth ciselé
- 15 cl de vin blanc sec
- Sel et poivre du moulin

Pour 4 personnes • Préparation : 15 min • Cuisson : 30 à 40 min • Difficulté : 1

1. Faites cuire le riz dans une casserole d'eau bouillante salée de 30 à 40 minutes. Égouttez-le, puis versez-le dans un saladier et réservez au chaud jusqu'au moment de servir. Préchauffez le four à 200 °C (therm. 6-7).
2. Pelez les agrumes, tranchez-les, puis disposez les tranches au fond d'un grand plat en les faisant se chevaucher et en alternant orange et citron. Dressez le saumon sur le lit d'agrumes, salez et poivrez.
3. Hachez les tomates séchées, puis mélangez-les avec l'huile et l'aneth dans un bol. Versez cette préparation sur le saumon et arrosez-le de vin blanc.
4. Enfournez pour 10 à 12 minutes. Servez chaud, arrosé de jus et accompagné de riz.

# Poisson blanc PAMPLEMOUSSE & CHAMPIGNONS

- 2 pamplemousses
- 1/2 oignon rouge pelé
- 4 cuill. à soupe de persil ciselé
- 2 cuill. à soupe d'huile d'olive vierge extra
- 1 cuill. à soupe de crème fraîche
- 135 g de beurre
- 1/2 cuill. à café de Tabasco
- 12 cl d'huile de pépins de raisin
- 350 g de champignons de Paris
- 4 filets de poisson blanc à chair ferme (saint-pierre, perche, bar, flétan, cabillaud, lotte ou tilapia)
- Sel et poivre du moulin

Pour 4 personnes • Préparation : 20 min • Cuisson : 15 min • Difficulté : 2

1. Pelez un pamplemousse à vif et déposez les quartiers dans un saladier. Pressez le second pamplemousse, puis émincez le demi-oignon rouge. Placez le persil, l'oignon et l'huile dans le saladier, avec du sel et du poivre.
2. Versez le jus de pamplemousse dans une petite casserole et portez-le à ébullition. Faites réduire pendant 5 minutes, puis ajoutez la crème fraîche. Laissez chauffer 1 minute. Enlevez la casserole du feu et incorporez 115 g de beurre. Ajoutez le Tabasco, puis salez et poivrez.
3. Mettez la moitié de l'huile de pépins de raisin à chauffer dans une grande poêle. Émincez les champignons, puis faites-les revenir 4 ou 5 minutes. Salez et poivrez.
4. Versez le reste de l'huile et du beurre dans une grande poêle. Salez et poivrez les filets de poisson, puis placez-les dans la poêle. Faites cuire 3 minutes de chaque côté. Servez chaud avec les champignons, la salade de pamplemousse et la sauce.

# Légumes



## Frittata aux POMMES DE TERRE

- 2 cuill. à soupe d'huile d'olive vierge extra
- 250 g de pommes de terre
- 3 gousses d'ail
- 3 ciboules
- 2 cuill. à soupe de persil ciselé
- 8 œufs
- 350 g de tomates allongées
- 60 g d'emmental ou de parmesan râpé
- 2 cuill. à soupe de coriandre ciselée
- 1 ou 2 cuill. à soupe de jus de citron vert
- Sel et poivre du moulin

Pour 4 personnes • Préparation : 20 min • Cuisson : 15 min • Difficulté : 1

1. Mettez 1 cuillerée à soupe d'huile à chauffer dans une poêle de 25 cm de diamètre allant du four. Pelez les pommes de terre, émincez-les, puis disposez-les dans la poêle. Faites-les dorer 10 minutes en remuant de temps en temps. Pilez l'ail et hachez les ciboules, puis ajoutez-les aux pommes de terre avec le persil, du sel et du poivre. Prolongez la cuisson de 1 ou 2 minutes.
2. Battez les œufs dans un grand saladier. Rincez les tomates, puis coupez-les en morceaux et ajoutez-en 4 cuillerées à soupe aux œufs battus, ainsi que la moitié du fromage râpé. Versez cette préparation sur les pommes de terre, puis faites cuire l'omelette de 8 à 10 minutes.
3. Préchauffez le gril du four. Parsemez la frittata du reste de fromage râpé et enfournez pour 2 minutes. Mélangez le reste des tomates, la coriandre et le jus de citron vert dans un bol.
4. Découpez la frittata en parts et nappez-les de salsa de tomate, puis servez chaud.

Si cette recette vous plaît, vous aimerez aussi...

Frittata CIBOULES & CHAMPIGNONS

COURGE BUTTERNUT RÔTIE aux épices

Légumes rôtis SAUCE AUX CÂPRES

# Frittata CIBOULES & CHAMPIGNONS





- 2 cuill. à soupe d'huile d'olive vierge extra
- 12 ciboules
- 350 g de champignons de Paris
- 8 œufs
- 60 g de parmesan râpé
- Sel et poivre du moulin

Pour 4 personnes • Préparation : 10 min • Cuisson 30 min • Difficulté : 1

1. Préchauffez le four à 180 °C (therm. 6). Mettez l'huile à chauffer dans une grande poêle allant au four. Rincez les ciboules et les champignons, puis émincez-les et faites-les cuire à couvert 15 minutes avec un peu de sel.
2. Battez les œufs avec du sel et du poivre dans un saladier. Versez la préparation dans la poêle, sur les légumes, et remuez pendant 30 secondes. Prolongez la cuisson de 3 ou 4 minutes, puis parsemez la frittata de parmesan. Enfournez pour 15 minutes.

# Tofu & LÉGUMES VERTS SAUTÉS

- 1 blanc d'œuf
- 2 cuill. à café de fécule de maïs
- 2½ cuill. à café de xérès ou de vin de riz (dans les épiceries asiatiques)
- 1½ cuill. à café d'eau
- 350 g de tofu
- 250 g de chou frisé
- 4 cuill. à soupe de bouillon de légumes
- 1 cuill. à soupe de sauce soja
- 2 cuill. à soupe d'huile d'arachide
- 2 gousses d'ail
- 1 cuill. à soupe de gingembre râpé
- 1/2 cuill. à café de piment en poudre
- 6 ciboules
- 250 g de choux de Bruxelles
- 1 poivron rouge
- 250 g de *bok choï* (chou chinois)
- Sel et poivre du moulin

Pour servir

- Riz basmati cuit

Pour 4 à 6 personnes • Préparation : 20 min • Réfrigération : 30 min • Cuisson : 5 à 10 min • Difficulté : 1

1. Battez légèrement le blanc d'œuf, puis mélangez-le dans un bol avec la fécule, 1½ cuillerée à café de xérès, du sel et l'eau jusqu'à l'obtention d'un mélange homogène. Coupez le tofu en dés, puis ajoutez-les à la préparation en mélangeant délicatement. Couvrez, puis réservez 30 minutes au réfrigérateur.
2. Épluchez le chou frisé et faites-le blanchir pendant 1 minute. Égouttez-le soigneusement, puis hachez-le. Dans un bol, mélangez le reste de xérès, le bouillon et la sauce soja.
3. Mettez l'huile à chauffer dans un wok à feu vif. Pilez l'ail, puis faites-le revenir quelques secondes avec le gingembre et le piment en poudre. Émincez les ciboules, parez les choux de Bruxelles, puis coupez-les en quatre. Épépinez le poivron et détaillez-le en lamelles. Faites revenir le tout 2 minutes.
4. Émincez les *bok choï*, puis faites-les revenir 1 minute. Ajoutez le tofu, le chou frisé et le bouillon. Salez, poivrez, puis prolongez la cuisson de 1 ou 2 minutes. Servez chaud accompagné de riz basmati.

Vous pouvez décliner les légumes de cette recette à votre guise, en fonction des saisons : haricots verts, petits pois, gombos, épinards, chou frisé, chou vert, etc.

# Légumes SAUTÉS

- 350 g de vermicelles de riz (dans les épiceries asiatiques)
- 2 cuill. à soupe d'huile d'arachide
- 1 poivron rouge
- 1 morceau de gingembre de 2,5 cm
- 8 mini-épis de maïs
- 2 carottes
- 12 pointes d'asperges
- 120 g de haricots mange-tout
- 1 piment rouge
- 6 ciboules
- 2 *bok choï* (choux chinois)
- 4 cuill. à soupe de sauce au piment
- 4 cuill. à soupe d'eau
- 150 g de germes de soja
- 4 cuill. à soupe de menthe ciselée
- 4 cuill. à soupe de coriandre ciselée

Pour servir

- Sauce soja

Pour 4 à 6 personnes • Préparation : 25 min • Cuisson : 5 à 7 min • Difficulté : 1

1. Couvrez les vermicelles d'eau bouillante dans un saladier. Laissez tremper 5 minutes.
2. Mettez 1 cuillerée à soupe d'huile à chauffer dans un wok ou une grande poêle. Épépinez le poivron, coupez-le en lamelles, puis émincez le gingembre et faites-les revenir 30 secondes. Fendez les mini-épis de maïs en deux dans le sens de la longueur, détaillez les carottes en bâtonnets, puis faites-les revenir 2 minutes avec les pointes d'asperges. Ajoutez les haricots mange-tout, puis prolongez la cuisson de 1 minute.
3. Émincez le piment et les ciboules, puis coupez les *bok choï* en quatre. Incorporez la sauce au piment et l'eau à la préparation, puis ajoutez le piment, les *bok choï*, les germes de soja et les ciboules. Faites revenir le tout 2 ou 3 minutes.
4. Égouttez les vermicelles, garnissez-les de menthe et de coriandre, puis servez-les avec les légumes et de la sauce soja.

Si cette recette vous plaît, vous aimerez aussi...

Tofu & LÉGUMES VERTS SAUTÉS

LÉGUMES KORMA au riz complet

Curry végétarien ÉPINARDS & BROCOLI

## Courgettes aux TOMATES

Pour 4 personnes • Préparation : 15 min • Égouttage : 1 h • Cuisson : 10 à 15 min • Difficulté : 1

- 1 kg de tomates
- 4 cuill. à soupe d'huile d'olive vierge extra
- 2 gousses d'ail
- 6 courgettes
- 1 cuill. à soupe de thym ciselé
- Sel et poivre du moulin

1. Coupez les tomates en quatre, puis épépinez-les. Placez-les dans une passoire et saupoudrez-les de sel, puis laissez-les dégorger 1 heure.
2. Mettez l'huile à chauffer dans une grande poêle. Pilez l'ail, tranchez les courgettes et faites revenir le tout avec les tomates de 10 à 15 minutes.
3. Salez, poivrez et saupoudrez de thym. Mélangez soigneusement, puis servez chaud.

## Épinards aux PIGNONS DE PIN

Pour 4 à 6 personnes • Préparation : 15 min • Trempage : 20 min • Cuisson : 6 min • Difficulté : 1

- 4 cuill. à soupe de raisins secs
- 3 cuill. à soupe d'huile d'olive vierge extra
- 2 gousses d'ail
- 6 cuill. à soupe de pignons de pin
- 1,5 kg de pousses d'épinards
- Sel et poivre du moulin

1. Laissez tremper les raisins secs dans de l'eau froide pendant 30 minutes pour les réhydrater, puis égouttez-les.
2. Mettez l'huile à chauffer dans une grande poêle à feu vif. Pilez l'ail, puis faites-le revenir 1 minute avec les pignons de pin. Ajoutez les pousses d'épinards et les raisins, puis prolongez la cuisson de 5 minutes. Salez et poivrez, puis servez.

## COURGE BUTTERNUT RÔTIE aux épices

Pour 4 personnes • Préparation : 15 min • Cuisson : 35 à 45 min • Difficulté : 1

- 1 kg de courge butternut
- 4 cuill. à soupe d'huile d'olive vierge extra
- 3 cuill. à soupe de menthe ciselée
- 1 cuill. à café de paprika fort

Pour le mélange d'épices

- 1 cuill. à soupe de graines de cumin
- 1 cuill. à soupe de graines de coriandre
- 2 cuill. à soupe de graines de sésame
- 2 cuill. à soupe de noisettes
- 1/2 cuill. à café de piment en poudre
- 1/2 cuill. à café de sel

1. Préparez le mélange d'épices. Placez tous les ingrédients dans une poêle et faites chauffer pendant 1 ou 2 minutes. Transférez le tout dans un mortier et pilez.
2. Préchauffez le four à 180 °C (therm. 6). Pelez la courge, épépinez-la, puis coupez-la en morceaux. Placez-les dans un saladier, arrosez d'huile et mélangez soigneusement. Parsemez de menthe, de paprika et de mélange d'épices, puis remuez.
3. Transférez la courge dans un plat à rôtir et enfournez pour 30 à 40 minutes. Servez chaud.

## BETTERAVES & POMMES DE TERRE au four

Pour 4 personnes • Préparation : 15 min • Cuisson : 50 min à 1h10 • Difficulté : 1

- 500 g de betteraves
- 500 g de pommes de terre à chair ferme
- 2 cuill. à soupe d'huile d'olive vierge extra
- 3 gousses d'ail
- 1 cuill. à café de sel
- 1 cuill. à soupe de jus de citron
- 30 cl de crème aigre (ou de crème fraîche additionnée de quelques gouttes de jus de citron)
- 1 cuill. à soupe de beurre
- 150 g de feta
- 2 cuill. à soupe d'aneth ciselé
- 2 cuill. à soupe de cerneaux de noix

Pour servir

- Salade verte

1. Faites cuire les betteraves de 20 à 25 minutes dans de l'eau bouillante salée. Égouttez-les, pelez-les et coupez-les en tranches. Faites cuire les pommes de terre de 20 à 25 minutes, puis égouttez-les, pelez-les et tranchez-les.
2. Mettez l'huile à chauffer dans une sauteuse, pilez l'ail et faites-le dorer 2 minutes. Ajoutez les betteraves, le sel et le jus de citron. Baissez le feu, puis incorporez la crème aigre. Laissez mijoter 3 minutes.
3. Préchauffez le four à 190 °C (therm. 6-7). Beurrez un plat et disposez une couche de pommes de terre au fond. Salez, poivrez, puis parsemez de lamelles de beurre. Émiettez la feta au-dessus du plat et ajoutez l'aneth. Disposez une couche de betteraves. Répétez l'opération en terminant par les betteraves, le fromage et le beurre. Enfournez pour 20 à 25 minutes. Servez chaud, avec de la salade verte.

À défaut de patates douces, vous pouvez utiliser des pommes de terre, mais la richesse en bêta-carotène de ce légume exotique rend cette recette particulièrement originale et savoureuse.

# Patates douces rôties au PESTO

- 1 kg de patates douces
- 3 cuill. à soupe d'huile d'olive vierge extra
- 20 tomates cerises
- 200 g de pousses d'épinards
- 150 g de roquette
- 4 avocats
- 4 cuill. à soupe d'amandes émondées
- 6 cuill. à soupe d'huile d'avocat
- 4 cuill. à soupe de pesto
- 2 cuill. à soupe de jus de citron
- Sel et poivre du moulin

Pour 6 personnes • Préparation : 20 min • Cuisson : 30 à 35 min • Difficulté : 1

1. Préchauffez le four à 200 °C (therm. 6-7). Pelez les patates douces et coupez-les en quartiers, puis répartissez-les dans un plat à rôtir. Arrosez d'huile, mélangez, puis salez et poivrez. Enfournez pour 30 à 35 minutes. Coupez les tomates en deux et ajoutez-les dans le plat 10 minutes avant la fin de la cuisson.
2. Dressez les pousses d'épinards et la roquette sur six assiettes. Coupez les avocats en deux, ôtez la peau et les noyaux, puis détaillez la chair en tranches. Disposez-les sur les assiettes avec les patates douces et les tomates. Faites griller les amandes dans une poêle antiadhésive à sec, puis répartissez-les dans les assiettes.
3. Fouettez l'huile d'avocat, le pesto et le jus de citron dans un bol, puis versez cet assaisonnement sur chaque assiette et servez.

Si cette recette vous plaît, vous aimerez aussi...

Salade PATATES DOUCES & FETA

COURGE BUTTERNUT RÔTIE aux épices

Ragoût PATATES DOUCES & LENTILLES

# LÉGUMES KORMA au riz complet

- 2 cuill. à soupe d'huile d'arachide
- 1 oignon
- 3 gousses de cardamome
- 1 cuill. à café de cumin en poudre
- 1 cuill. à café de coriandre en poudre
- 1/2 cuill. à café de curcuma en poudre
- 1 piment rouge
- 3 gousses d'ail
- 2 cuill. à café de gingembre râpé
- 2 carottes
- 1 tête de brocoli
- 2 pommes de terre
- 1 courgette
- 150 g de petits pois surgelés
- 25 cl de bouillon de légumes
- 18 cl de yaourt nature
- 2 cuill. à soupe d'amandes effilées

Pour servir

- 3 cuill. à soupe de coriandre ciselée
- Riz basmati complet cuit

Pour 4 personnes • Préparation : 15 min • Cuisson : 25 min • Difficulté : 1

1. Mettez l'huile à chauffer dans une grande casserole. Pelez l'oignon, hachez-le, puis écrasez les gousses de cardamome. Faites-les revenir avec le cumin, la coriandre et le curcuma pendant 3 ou 4 minutes. Émincez le piment et l'ail, puis faites-les revenir 2 minutes avec le gingembre.
2. Épluchez les carottes, coupez-les en morceaux, puis détaillez le brocoli en bouquets. Pelez les pommes de terre, coupez-les en dés et tranchez la courgette. Placez tous les légumes dans la casserole avec le bouillon, puis laissez mijoter 10 minutes.
3. Enlevez la casserole du feu, puis incorporez le yaourt. Faites griller les amandes dans une poêle antiadhésive et ajoutez-les à la préparation. Servez chaud, parsemé de coriandre, accompagné de riz complet.

# Curry végétarien ÉPINARDS & BROCOLI

- 1 oignon
- 2 gousses d'ail
- 1 cuill. à soupe de gingembre râpé
- 6 tomates
- 1 cuill. à soupe d'huile de sésame
- 1 cuill. à café de cumin en poudre
- 2 cuill. à café de graines de coriandre en poudre
- 1 cuill. à café de curcuma
- 1/2 cuill. à café de piment en poudre
- 2 cuill. à café de sauce soja
- 6 cuill. à soupe de lentilles rouges ou corail (dans les épiceries orientales)
- 12 cl de lait de coco
- 1 tête de brocoli
- 400 g de pois chiches en conserve
- 150 g de pousses d'épinards
- Le jus de 1 citron
- 2 ou 3 cuill. à soupe de graines de sésame grillées
- 2 ou 3 cuill. à soupe de noix de cajou grillées

Pour servir

- Feuilles de coriandre
- Riz basmati complet cuit

Pour 4 personnes • Préparation : 15 min • Cuisson : 25 à 30 min • Difficulté : 1

1. Pelez l'oignon, hachez-le et pilez l'ail. Réunissez-les avec le gingembre et les tomates dans le bol d'un robot, puis mixez jusqu'à l'obtention d'un mélange homogène.
2. Mettez l'huile à chauffer dans une grande casserole. Faites revenir le cumin, la coriandre, le curcuma, le piment en poudre, la sauce soja et le mélange de tomates pendant 2 ou 3 minutes. Ajoutez les lentilles et le lait de coco, puis prolongez la cuisson de 15 à 20 minutes.
3. Détaillez le brocoli en bouquets, ajoutez-les dans la préparation et faites cuire 5 minutes. Égouttez les pois chiches, rincez-les, puis placez-les dans la casserole avec les pousses d'épinards. Arrosez de jus de citron, puis parsemez de graines de sésame et de noix de cajou. Garnissez de coriandre, puis servez chaud, accompagné de riz.

Il existe plusieurs variétés de patate douce, de formes et de couleurs différentes (blanche, rose, orange, violette...), dont le goût de châtaigne est plus ou moins prononcé. Assez énergétique, la patate douce est riche en vitamines et en fer.



# Ragoût PATATES DOUCES & LENTILLES

- 1 oignon
- 2 gousses d'ail
- 250 g de lentilles rouges ou corail (dans les épiceries orientales)
- 1,5 l de bouillon de légumes
- 1 feuille de laurier
- 1 pincée de safran
- 1/2 cuill. à café de curcuma
- 20 feuilles de coriandre
- 1 cuill. à café de gingembre râpé
- 2 carottes
- 350 g de patates douces
- 3 cuill. à soupe de concentré de tomate
- 4 cuill. à soupe de persil ciselé
- Sel et poivre du moulin

Pour 4 à 6 personnes • Préparation 15 min • Cuisson 40 à 50 min • Difficulté : 1

1. Pelez l'oignon, puis émincez-le et pilez l'ail. Réunissez les lentilles, le bouillon, l'oignon, l'ail et le laurier dans une marmite, puis portez à ébullition. Ajoutez le safran, le curcuma et la coriandre. Réduisez le feu, salez et poivrez. Laissez mijoter de 20 à 25 minutes à couvert.
2. Ajoutez le gingembre. Pelez les carottes et les patates douces, puis découpez-les en dés. Placez le tout dans la marmite, avec le concentré de tomate et le persil. Portez à ébullition, puis laissez mijoter de 20 à 25 minutes à couvert et servez chaud.

Si cette recette vous plaît, vous aimerez aussi...

40
Salade PATATES DOUCES & FETA

94
BETTERAVES & POMMES DE TERRE au four

102
Dahl LENTILLES & ÉPINARDS

# Légumes rôtis SAUCE AUX CÂPRES



- 1 courge
- 2 navets
- 4 patates douces
- 4 oignons rouges
- 2 poivrons rouges
- 1 tête d'ail
- 5 brins de thym
- Le jus et le zeste de 1/2 citron non traité
- 12 cl d'huile d'olive vierge extra
- 15 tomates cerises
- 2 branches de romarin
- Sel et poivre du moulin

Pour la sauce

- 2 cuill. à soupe de câpres
- 3 cuill. à soupe de vinaigre balsamique
- 2 cuill. à soupe de persil ciselé

Pour 4 à 6 personnes • Préparation : 30 min • Cuisson : 1 h • Difficulté : 1

1. Préchauffez le four à 190 °C (therm. 6-7). Coupez la courge en deux, épépinez-la, puis détaillez la chair en morceaux. Pelez les navets, les patates douces, les oignons, puis coupez-les en morceaux avec les poivrons. Détachez les gousses d'ail sans les peler.
2. Placez les légumes dans un grand plat à rôtir, arrosez-les de jus de citron, puis parsemez-les de thym et de zeste de citron. Arrosez d'huile, puis salez et poivrez. Couvrez le plat d'une feuille d'aluminium et enfournez pour 40 minutes. Ajoutez les tomates et le romarin, puis prolongez la cuisson à découvert pendant 20 minutes.
3. Préparez la sauce. Rincez les câpres. Mélangez-les avec le vinaigre dans un bol, puis versez sur les légumes rôtis en les enrobant soigneusement de sauce. Servez chaud, parsemé de persil.

# Tomates rôties FETA & NOIX

- 12 grosses tomates en grappe
- 5 gousses d'ail
- 1 petit bouquet de thym
- 3 cuill. à soupe de vinaigre balsamique
- 2 cuill. à soupe d'huile d'olive vierge extra
- 150 g de feta
- 60 g de cerneaux de noix concassés
- Sel et poivre du moulin

Pour 6 à 8 personnes • Préparation : 15 min • Cuisson : 1 h • Difficulté : 1

1. Préchauffez le four à 170 °C (therm. 5-6). Coupez les tomates en deux et disposez-les dans un plat à rôtir, peau vers le haut. Pilez l'ail, ciselez le thym au-dessus du plat, puis arrosez de vinaigre et d'huile. Salez et poivrez, puis enfournez pour 45 minutes.
2. Émiettez la feta sur les tomates et parsemez-les de noix. Prolongez la cuisson de 15 minutes, puis servez.

Riches en eau et pauvres en calories, les épinards recèlent beaucoup d'éléments minéraux et de vitamines ; ils sont donc une véritable source de bienfaits.

# Dahl LENTILLES & ÉPINARDS

- 2 tomates
- 1 petit oignon
- 1 piment rouge
- 120 g de lentilles rouges ou corail (dans les épiceries orientales)
- 50 cl de bouillon de légumes
- 1 cuill. à café de *garam masala* (mélange d'épices indien)
- 1/2 cuill. à café de curcuma
- 1 grosse patate douce
- 100 g d'épinards

Pour 4 personnes • Préparation : 10 min • Cuisson : 25 à 30 min • Difficulté : 1

1. Coupez les tomates en morceaux. Pelez l'oignon, puis hachez-le avec le piment. Réunissez les lentilles, le bouillon, les tomates, l'oignon, le piment, le *garam masala* et le curcuma dans une grande casserole. Portez à ébullition, puis laissez mijoter 10 minutes.
2. Pelez la patate douce, coupez-la en dés et mettez-la dans la casserole. Laissez mijoter de 10 à 12 minutes. Incorporez les épinards et prolongez la cuisson de 2 ou 3 minutes. Servez chaud.

Si cette recette vous plaît, vous aimerez aussi...

39
Salade LENTILLES & LÉGUMES RÔTIS

92
Épinards aux PIGNONS DE PIN

98
Ragoût PATATES DOUCES & LENTILLES

## Salade de FRUITS DE LA PASSION AU MIEL



- 1 ananas
- 2 mangues
- 4 kiwis
- 300 g de fraises
- 300 g de framboises
- 3 fruits de la Passion
- 2 cuill. à soupe de miel liquide

Pour servir
- Quelques feuilles de menthe

Pour 4 à 6 personnes • Préparation : 15 min • Difficulté : 1

1. Pelez l'ananas, ôtez le cœur et détaillez la chair en dés. Pelez les mangues, dénoyautez-les, puis coupez la chair en dés. Épluchez les kiwis et coupez-les en dés. Équeutez les fraises, puis émincez-les. Dressez les fruits sur un plat de service blanc pour créer une harmonie de couleurs.
2. Coupez les fruits de la Passion en deux, prélevez la pulpe et déposez-la dans un bol. Ajoutez le miel, puis mélangez bien.
3. Garnissez de feuilles de menthe et placez au frais avant de servir.

Si cette recette vous plaît, vous aimerez aussi...

Salade de FRUITS D'ÉTÉ

Salade ANANAS & ORANGES

Salade de FRUITS À LA CORIANDRE

## Soupe PÊCHES & YAOURT

Pour 6 à 8 personnes • Préparation : 15 min • Réfrigération : 30 min • Difficulté : 1

- 1,5 kg de pêches
- 1 cuill. à café de gingembre râpé
- 30 cl de yaourt à la grecque
- 1 cuill. à soupe d'extrait de vanille

Pour servir

- Quelques feuilles de menthe ou de basilic

1. Pelez les pêches et coupez-les en deux. Dénoyautez-les, puis coupez la chair en fines tranches. Réservez quelques morceaux de fruits et réunissez le reste dans le bol d'un robot avec le gingembre. Mixez jusqu'à l'obtention d'une purée onctueuse.
2. Incorporez le yaourt et l'extrait de vanille à la préparation, puis réservez 30 minutes au réfrigérateur.
3. Répartissez la soupe dans des verrines. Garnissez des morceaux de pêche réservés, puis servez avec des feuilles de menthe ou de basilic.

## Soupe de FRUITS ROUGES

Pour 4 à 6 personnes • Préparation : 15 min • Réfrigération : 12 h • Cuisson : 15 min • Difficulté : 2

- 750 g de fruits rouges (fraises, framboises, cerises, myrtilles, groseilles)
- 12 cl de miel liquide
- Le zeste râpé d'une orange non traitée
- Le zeste râpé de 1 citron non traité
- 4 cuill. à café de fécule de maïs
- 3 cuill. à soupe d'eau froide

1. La veille, rincez les fruits, équeutez-les, puis dénoyautez-les. Mélangez-les avec le miel et les zestes d'agrumes dans un saladier. Couvrez, puis réservez 12 heures au frais.
2. Le lendemain, passez les fruits dans un chinois au-dessus d'une casserole, réservez les fruits et portez le jus à ébullition à feu doux.
3. Fouettez la fécule de maïs et l'eau dans un bol jusqu'à l'obtention d'un mélange lisse. Ajoutez le jus bouillant et versez le tout dans la casserole. Remettez sur le feu, puis faites épaissir le mélange en remuant sans cesse.
4. Arrosez les fruits réservés de ce sirop et répartissez-les dans des bols. Placez au frais jusqu'au moment de servir.

## Soupe de FRAISES

Pour 4 à 6 personnes • Préparation : 15 min • Réfrigération : 2 h • Cuisson : 5 min • Difficulté : 1

- 25 cl d'eau
- 25 cl de jus de pomme sans sucre ajouté
- 150 g de miel liquide
- 1/2 cuill. à café de cannelle en poudre
- 1 pincée de clou de girofle en poudre
- 450 g de fraises
- 25 cl de yaourt à la fraise
- 4 cuill. à soupe de crème aigre allégée (ou crème fraîche allégée additionnée de quelques gouttes de jus de citron)

1. Dans une cocotte, réunissez 18 cl d'eau, le jus de pomme, le miel, la cannelle et la pincée de clou de girofle. Portez à ébullition en remuant, puis ôtez du feu.
2. Rincez les fraises, équeutez-les, réservez un ou deux fruits, puis placez les autres dans le bol d'un robot avec le reste de l'eau. Mixez jusqu'à l'obtention d'une purée, puis versez-la dans la cocotte. Ajoutez le yaourt, couvrez et réservez au réfrigérateur pendant au moins 2 heures.
3. Répartissez la soupe dans des bols. Ajoutez une cuillerée à soupe de crème aigre. Émincez les fruits réservés, puis disposez-les sur la crème et servez.

## Soupe de MELON

Pour 4 personnes • Préparation : 10 min • Réfrigération : 2 h • Difficulté : 1

- 1 gros melon (type cantaloup)
- 1 cuill. à soupe d'extrait de vanille
- 4 cuill. à soupe de yaourt nature à la grecque
- Le zeste 1 citron non traité
- 4 cuill. à soupe de jus d'orange

1. Coupez le melon en deux. Épépinez-le, pelez-le, puis coupez la chair en morceaux. Réservez quelques dés de fruit et réunissez le reste dans le bol d'un robot avec les autres ingrédients. Mixez jusqu'à l'obtention d'une purée onctueuse. Passez la préparation dans un chinois au-dessus d'un saladier, puis couvrez et réservez 2 heures au réfrigérateur.
2. Répartissez la soupe dans quatre verrines. Garnissez de dés de melon réservés puis servez.

Les fruits frais constituent un élément essentiel de notre alimentation. Servez cette salade de fruits dans des verrines avec une cuillerée de yaourt, en variant les fruits en fonction des saisons.

# Salade de FRUITS D'ÉTÉ

- 25 cl de yaourt nature à la grecque allégé
- 4 cuill. à soupe de miel liquide
- 1 cuill. à café d'extrait de vanille
- 4 cuill. à soupe de jus de citron
- 2 mangues
- 150 g de myrtilles
- 24 cerises
- 2 nectarines
- 2 bananes
- 60 g de fruits secs

Pour 4 personnes • Préparation : 15 min • Cuisson : 3 ou 4 min • Difficulté : 1

1. Mélangez le yaourt, le miel, l'extrait de vanille et le jus de citron dans un bol. Pelez les mangues, dénoyautez-les, puis coupez la chair en dés. Rincez les myrtilles, les cerises et les nectarines puis dénoyautez les fruits à noyau. Épluchez les bananes et coupez-les en rondelles.
2. Mélangez délicatement les fruits avec la préparation au yaourt. Réservez au réfrigérateur pendant 1 ou 2 heures.
3. Concassez les fruits secs et, juste avant de servir, faites-les griller 3 ou 4 minutes dans une poêle antiadhésive.
4. Répartissez la salade de fruits dans des verrines, puis parsemez de fruits secs et servez.

Si cette recette vous plaît, vous aimerez aussi...

105
Salade de FRUITS DE LA PASSION AU MIEL

110
Salade de FRUITS COCO & TAHINI

114
Salade de FRUITS AVOCAT & NOIX

# Salade de FRUITS COCO & TAHINI



- 4 cuill. à soupe de tahini (purée de sésame, dans les magasins bio)
- 12 cl de compote de pommes sans sucre ajouté
- 1 cuill. à soupe de miel liquide
- 2 cuill. à soupe d'eau
- 900 g de fruits (mangues, raisins noirs, prunes, pamplemousses…)
- 25 g de noix de coco râpée

Pour 4 personnes • Préparation : 15 min • Difficulté : 1

1. Réunissez le tahini, la compote, le miel et l'eau dans le bol d'un robot, puis mixez jusqu'à l'obtention d'un mélange homogène.
2. Rincez les fruits, pelez-les, dénoyautez-les et coupez-les en dés ou en tranches fines, si nécessaire. Mélangez-les dans un saladier, puis répartissez-les dans des bols. Arrosez de sauce au tahini. Faites griller la noix de coco dans une poêle antiadhésive à sec, puis garnissez-en les fruits et servez.

# Salade ANANAS & ORANGES

- 2 cuill. à soupe de zeste de citron vert non traité
- 3 cuill. à soupe de jus de citron vert
- 2 cuill. à soupe de miel liquide
- 1/2 cuill. à café de piment en poudre
- 2 oranges
- 1 ananas

Pour 4 personnes • Préparation : 15 min • Réfrigération : 2 à 4 h • Difficulté : 1

1. Mélangez le zeste et le jus de citron vert, le miel et le piment dans un saladier. Pelez les oranges à vif et détachez les quartiers au-dessus du saladier pour recueillir le jus.
2. Pelez l'ananas, ôtez le cœur et coupez la chair en dés. Mélangez les oranges et l'ananas dans le saladier. Réservez de 2 à 4 heures au réfrigérateur, puis servez.

Le lait de coco et la coriandre apportent une note exotique à cette salade savoureuse et pleine de vitamines.

# Salade de FRUITS À LA CORIANDRE

- 4 cuill. à soupe de lait de coco
- 1 cuill. à soupe de miel liquide
- Le jus de 1 citron vert
- 2 oranges sanguines ou 1 pamplemousse rose
- 1 petit ananas
- 1 pomme verte
- 1 mangue
- 1 banane
- 2 cuill. à soupe de coriandre ciselée

Pour 4 personnes • Préparation : 10 min • Difficulté : 1

1. Fouettez le lait de coco, le miel et le jus de citron vert dans un bol.
2. Pelez les agrumes à vif, puis détachez les quartiers. Pelez l'ananas, ôtez le cœur et coupez la chair en dés. Épluchez la pomme et la mangue. Épépinez la pomme et dénoyautez la mangue, puis détaillez leur chair en morceaux. Pelez la banane et détaillez-la en rondelles.
3. Placez les fruits dans un saladier avec la coriandre. Arrosez-les de la préparation au lait de coco, puis remuez délicatement.
4. Répartissez la salade dans des bols ou des verrines, puis servez.

Si cette recette vous plaît, vous aimerez aussi...

Salade de FRUITS D'ÉTÉ

Salade ANANAS & ORANGES

Salade de FRUITS AVOCAT & NOIX

# Salade de FRUITS AVOCAT & NOIX



- 2 pamplemousses roses
- 2 ou 3 avocats
- 300 g de mûres
- 2 ou 3 cuill. à soupe de jus de citron vert
- 25 cl de yaourt nature à la grecque
- 60 g de cerneaux de noix
- 2 ou 3 cuill. à soupe de miel

Pour servir

- Quelques feuilles de coriandre

Pour 4 à 6 personnes • Préparation : 15 min • Difficulté : 1

1. Pelez les pamplemousses à vif et découpez la chair en morceaux dans un saladier. Coupez les avocats en deux, ôtez la peau et les noyaux, puis détaillez la chair en dés. Rincez les mûres, puis ajoutez ces ingrédients dans le saladier en remuant soigneusement. Arrosez de jus de citron vert et mélangez de nouveau.
2. Répartissez la préparation dans des bols et garnissez d'une cuillerée à soupe de yaourt, de cerneaux de noix et d'un filet de miel. Parsemez de coriandre, puis servez.

# Sucettes glacées YAOURT & FRUITS ROUGES

- 300 g de framboises
- 4 cuill. à soupe de miel liquide
- 300 g de myrtilles
- 40 cl de yaourt nature

Pour 12 personnes • Préparation : 20 min • Congélation : 6 h • Difficulté : 2

1. Rincez les framboises et mixez-les à l'aide d'un robot avec 1 cuillerée à soupe de miel, puis transvasez la préparation dans un bol. Procédez de même avec les mûres, puis réservez-les dans un autre récipient.
2. Fouettez le yaourt avec le reste de miel.
3. Répartissez le mélange au yaourt au fond de douze moules à sucettes. Versez ensuite la purée de framboises, puis le mélange de mûres pour obtenir des sucettes tricolores.
4. Réservez au moins 6 heures au congélateur.

Servez ces délicieuses sucettes glacées en été, au goûter ou pour terminer un repas en famille, en déclinant les fruits selon vos goûts.

# Sucettes glacées aux FRUITS

- 2 pêches blanches
- 2 kiwis
- 75 g de myrtilles
- 150 g de fraises
- 50 cl de jus de raisin blanc

Pour 8 personnes • Préparation : 15 min • Congélation : 6 h • Difficulté : 2

1. Pelez les pêches, dénoyautez-les et détaillez la chair en dés. Épluchez les kiwis, puis découpez-les en petits morceaux. Rincez les myrtilles et les fraises. Équeutez les fraises, puis émincez-les. Mélangez les fruits dans un saladier et répartissez-les dans huit moules à sucettes en les tassant délicatement.
2. Remplissez chaque moule de jus de raisin en évitant de laisser des poches d'air. Réservez au congélateur pendant au moins 6 heures.

Si cette recette vous plaît, vous aimerez aussi...

Salade de FRUITS DE LA PASSION AU MIEL

Soupe de FRUITS ROUGES

Sucettes glacées YAOURT & FRUITS ROUGES

# Boulettes aux FRUITS SECS



- 120 g de dattes
- 60 g d'abricots séchés
- 60 g de cerises séchées
- 2 cuill. à soupe d'huile de coco
- 2 cuill. à soupe de graines de sésame

Pour 4 à 6 personnes • Préparation : 10 min • Difficulté : 1

1. Mixez les dattes, les abricots et les cerises dans le bol d'un robot, puis transvasez-les dans un saladier. Incorporez l'huile de coco en malaxant bien.
2. Faites griller les graines de sésame dans une poêle antiadhésive à sec. À l'aide d'une cuillère à soupe, façonnez des boulettes de fruits secs de la taille d'une noix, puis roulez-les dans les graines de sésame et servez.

# Crumble POIRE & MYRTILLES

- 4 poires
- 300 g de myrtilles
- 4 cuill. à soupe d'eau
- 1 cuill. à soupe de miel liquide
- 1/2 cuill. à café de gingembre râpé
- 1/2 cuill. à café de cannelle en poudre

Pour la pâte à crumble

- 4 cuill. à soupe d'huile de coco ou d'huile d'olive
- 2 cuill. à soupe de miel liquide
- 100 g de flocons d'avoine
- 30 g d'amandes concassées
- 40 g de noix ou de noix de pécan concassées

Pour 4 à 6 personnes • Préparation : 15 min • Cuisson : 10 min • Difficulté : 1

1. Pelez les poires, évidez-les, puis coupez-les en morceaux. Faites-les cuire 5 minutes dans une casserole à feu doux avec les myrtilles, l'eau et le miel. Ajoutez le gingembre et la cannelle.
2. Préparez la pâte à crumble. Mettez l'huile et le miel à chauffer dans une poêle, puis faites dorer les flocons d'avoine, les amandes et les noix pendant 3 ou 4 minutes.
3. Répartissez les fruits dans des bols, garnissez de pâte à crumble, puis servez chaud.

# INDEX